EL NIÑO Y SU MUNDO

EL NIÑO Y SU MUNDO

Juegos para desarrollar la inteligencia del bebé

Jackie Silberg

Ilustraciones de Linda Greigg

ONIRO

Título original: *Games to Play with Babies*
Publicado en inglés por Gryphon House, Inc.

Traducción y adaptación de Leonora Saavedra
Diseño de cubierta: Víctor Viano

Fotografía de cubierta: AGE Fotostock

Distribución exclusiva:
Ediciones Paidós Ibérica, S.A.
Mariano Cubí 92 – 08021 Barcelona – España
Editorial Paidós, S.A.I.C.F.
Defensa 599 – 1065 Buenos Aires – Argentina
Editorial Paidós Mexicana, S.A.
Rubén Darío 118, col. Moderna – 03510 México D.F. – México

© 1993 Jackie Silberg

© 1998 exclusivo de todas las ediciones en lengua española:
Ediciones Oniro, S.A.
Muntaner 261, 3.º 2.ª – 08021 Barcelona – España (e-mail:oniro@ncsa.es)

ISBN: 84-89920-19-2
Depósito legal: B-20.144-2000

Impreso en Hurope, S.L.
Lima, 3 bis – 08030 Barcelona

Impreso en España – *Printed in Spain*

Índice

Nota de la autora 15
Pautas generales del desarrollo. 17

Juegos de aprendizaje y desarrollo

0-3 meses

Ponte de lado, bebé . . . . 22 . . . . . . Girarse sobre el costado
Diviértete con un espejo . . . . . . 23 . . . . La capacidad de observación
Pío, pío, pajarillo . . . . 24 . . . . La capacidad de observación
La imagen móvil. . . . . 25 . . . . . Fijarse en formas y colores
Mira los colores . . . . 26 . . . . Fijarse en los colores
¡Oh, qué bonito! . . . . 27 . . . . Fijarse en los colores

3-6 meses

Mira, mira, mira . . . . 28 . . . . . . Aprender a concentrarse
Exploremos toda la casa . . . . . . 29 . . . . . . Aprender sobre opuestos
Agita los envases . . . . 30 . . . . Distinguir los sonidos
¡A dar pataditas! . . . . 31 . . . . La coordinación
Habla por los codos . . . . 32 . . . . . . Las aptitudes lingüísticas
Libros cilíndricos . . . . 33 . . . . . . Las aptitudes lingüísticas

6-9 meses

Una charla por teléfono . . . . . . 34 . . . . . . Las aptitudes lingüísticas
¿Qué juguete es?. . . . . , 35 . . . . . Las aptitudes lingüísticas
Sonidos familiares . . . . 36 . . . . Las aptitudes auditivas
En un restaurante de comida rápida 37 . . . . Manipular objetos pequeños
¡A divertirse gateando! . . . . 38 . . . . La coordinación
¿Dónde está la muñeca? . . . . . . 39 . . . La capacidad de observación
Juguemos a explorar . . . . 40 . . . Las aptitudes de exploración
Gateando sobre texturas . . . . . . 41 . . . Las aptitudes de exploración

9-12 meses

¡Mira, ya sé verter! . . . . 42 . . . . La coordinación
Cajas, cajas . . . . 43 . . . . La coordinación
Suelta la pinza . . . . 44 . . . . Divertirse

Haz rodar la pelota hacia mí . . . . 45 . . . . . . .Hacer rodar una pelota
Diviértete con unas cintas . . . . . 46 . . . . .Seguir instrucciones
El juego de las muñecas. . . . . . . 47 . . . . .Seguir instrucciones
¿Dónde está el pie? . . . . 48 . . . . Conocer el propio cuerpo
Miremos antes de cruzar . . . . . . 49 . . . Tomar medidas de seguridad
Recogiendo tesoros . . . . 50 . . . . . La capacidad de explorar
¿Dónde se ha ido? . . . . 51 . . . . . . .Las aptitudes cognitivas
¿Qué hacer con tres? . . . . 52 . . . . Resolver problemas
El juego de empujar. . . . . 53 . . . . . . Mantener el equilibrio
Levanta los pies . . . . 54 . . . . . Mantener el equilibrio
Encuentra el cascabel . . . . 55 . . . . Distinguir sonidos y colores
Tras la pelota . . . . 56 . . . . .Jugar a la pelota
Un montón de zapatos . . . . 57 . . . . .Emparejar objetos
Dame el juguete . . . . 58 . . . . . . Las aptitudes lingüísticas

Juegos para crear un vínculo especial

0-3 meses

Momentos especiales . . . . 60 . . . . Fomentar la confianza
Juguetes parlanchines. . . . . 61 . . . . . . Las aptitudes lingüísticas
Gorjeos y abrazos . . . . 62 . . . . . . Las aptitudes lingüísticas
¡Vamos a patear!. . . . . 63 . . . . Hacer ejercicio
Te veo . . . . 64 . . . . Levantar la cabeza
Acaricia a tu bebé . . . . 65 . . . . Conocer el propio cuerpo
Juegos con títeres . . . . 66 . . . . .Mirar un objeto
Un collar para tu bebé . . . . 67 . . . . Distinguir los colores
Bup, bebé . . . . 68 . . . . La conducta social

3-6 meses

¿Dónde pusimos tu muñeco?. . . . 69 . . . . La confianza en uno mismo
Vuela, bebé, vuela . . . . 70 . . . . La relación de apego
Arriba va el bebé. . . . . 71 . . . . La relación de apego
Explorando . . . . 72 . . . . . La capacidad de explorar
Chocando narices . . . . 73 . . . . Divertirse
Arroyo claro . . . . 74 . . . . .Distinguir los sonidos
El juego de los besos . . . . 75 . . . . . Conocer el propio cuerpo
El juego de los nombres . . . . . . 76 . . . . . Conocer el propio cuerpo

6-9 meses

¿En qué mano lo tengo? . . . . . . 77 . . . . . La capacidad de explorar
Cuéntame un cuento . . . . 78 . . . . . . Las aptitudes lingüísticas
¡Qué tacto!. . . . . 79 . . . . .Distinguir las texturas

9-12 meses

Un álbum especial . . . . 80 . . . . . Las aptitudes lingüísticas
Arriba, Quique . . . . 81 . . . . . Las aptitudes lingüísticas
Juguemos al escondite . . . . 82 . . . . . Las aptitudes lingüísticas
Mmm, qué agradable . . . . 83 . . . . Distinguir las texturas
El juego del codo . . . . 84 . . . . Divertirse

Juegos en la cocina

0-3 meses

Palmas, palmitas . . . . 86 . . . . El sentido del ritmo
Tiempo de caricias . . . . 87 . . . . . . La relación de apego
¡Oh, qué bonito! . . . . 88 . . . . . La capacidad de explorar
Encuentra el ruido . . . . 89 . . . . . . Distinguir los sonidos

3-6 meses

¡Aquí está la cuchara! . . . . 90 . . . . Comer con la cuchara
Juega con las manos . . . . 91 . . La coordinación óculo-manual
Quiquiriquí . . . . 92 . . . . . Conocer el propio cuerpo
Postre de gelatina . . . . 93 . . . . . La capacidad de explorar
¿Qué preparamos? . . . . 94 . . . . . Las aptitudes lingüísticas
Charlemos un rato, bebé . . . . . . 95 . . . . . Las aptitudes lingüísticas

6-9 meses

El juego de los espaguetis . . . . . . 96 . . . . La creatividad
El juego de la taza . . . . 97 . . . . . Beber de una taza o vaso
La bandeja de las magdalenas . . . 98 . . . . Divertirse
Agítalo y aporréalo . . . . 99 . . . . Agitar un objeto
Cazos y cazuelas . . . . 100 . . . . Resolver problemas
El juego de la servilleta . . . . 101 . . . . El sentido del humor
El juego de la cuchara . . . . 102 . . . . Distinguir los sonidos
Tres bloques, dos manos . . . . . . 103 . . . . Soltar un objeto

9-12 meses

Yo lo sé hacer solo (sola) . . . . . . 104 . . . . . . Coger objetos pequeños
El juego de verter . . . . 105 . . . . Aprender a verter
Encuentra la galleta . . . . 106 . . La coordinación óculo-manual
Chu-chu, llega la comida . . . . . 107 . . . . Tirar de un objeto
¿Cabe? . . . . 108 . . . . Distinguir diversos tamaños
Haz una pila . . . . 109 . . . . Mantener el equilibrio
Está frío . . . . 110 . . . . El sentido del tacto

Juegos para reír y divertirse

0-3 meses

Ruidos con la boca . . . . 112 . . . . . Las aptitudes lingüísticas
Mira el mundo . . . . 113 . . . La capacidad de observación
Sigue la abeja . . . . 114 . . . La capacidad de observación
Cosquillas en la mejilla . . . . . . 115 . . . . Divertirse
Diviértete haciendo ejercicio . . . 116 . . . . .Hacer ejercicio
Saquemos la lengua . . . . 117 . . . . Aprender a imitar
Juguetes que hacen ruido . . . . 118 . . . . .Conocer el propio cuerpo
Date la vuelta, pequeño (pequeña) 119 . . . . .Aprender a darse la vuelta

3-6 meses

Estira la mano y toca . . . . 120 . . La coordinación óculo-manual
Juego de equilibrio . . . . 121 . . . . . . .Mantener el equilibrio
Al paso . . . . 122 . . . . . .Mantener el equilibrio
Uno, dos, tres . . . . 123 . . . . Ponerse de pie
El juego de la araña . . . . 124 . . . . . Anticiparse a los hechos
Aquí viene un insecto . . . . . . 125 . . . . . Anticiparse a los hechos
Te voy a atrapar . . . . 126 . . . . . Anticiparse a los hechos
Sonidos divertidos . . . . 127 . . . . Aprender a imitar
Cabeza y hombros . . . . 128 . . . . .Conocer el propio cuerpo

6-9 meses

El ratoncito . . . . 129 . . . . Divertirse
¿Dónde está el ratoncito? . . . . . 130 . . . . .Divertirse
Juguemos con papel . . . . 131 . . . . . Distinguir los sonidos
Juegos en el suelo . . . . 132 . . . . Aprender a gatear
Mamá, papá . . . . 133 . . . . Las aptitudes lingüísticas
Papá, mamá y el tío Juan . . . . . 134 . . . . .Mantener el equilibrio
Al mercado, al mercado . . . . . 135 . . . . . . La relación de apego
Tira de la cuerda . . . . 136 . . . . Aprender a colaborar
El juego de las cosas flotantes . . . 137 . . La coordinación óculo-manual

9-12 meses

¿Dónde están las manos del bebé? . 138 . . . . La coordinación
A soplar . . . . 139 . . . . Las aptitudes lingüísticas
Sombreros, sombreros, sombreros . 140 . . . . . Las aptitudes lingüísticas
¿Dónde está la música? . . . . . . 141 . . . . . Las aptitudes auditivas
Cópiame . . . . 142 . . . . . Las aptitudes auditivas
Patea y para . . . . 143 . . . . . Las aptitudes auditivas
Atraviesa el túnel . . . . 144 . . . . . Aprender a gatear

Juguemos con pelotas . . . . 145 . . . . Jugar a la pelota
A por el juguete . . . . 146 . . La coordinación óculo-manual
El juego de boca abajo . . . . . . 147 . . . . Seguir instrucciones
Hagamos tonterías . . . . 148 . . . . . . El sentido del humor
En el cielo. . . . . 149 . . . . . . La creatividad
Tira del juguete. . . . . 150 . . . . La creatividad
Un juego pegajoso . . . . 151 . . . . La confianza en uno mismo
El juego de la cartulina. . . . . . 152 . . . . Divertirse
La mamá túnel . . . . 153 . . . . La imaginación
El juego del trampolín . . . . . . 154 . . . . Mantener el equilibrio

Juegos artísticos y musicales

0-3 meses

¿Qué puedo mirar?. . . . . 156 . . . . . La capacidad de explorar
Agudo y grave. . . . . 157 . . . . Distinguir los sonidos
Blanco y negro . . . . 158 . . . . Los colores y formas
El paraguas móvil. . . . . 159 . . . . Los colores y formas

3-6 meses

Arre, caballito . . . . 160 . . . . Las aptitudes auditivas
Canta, canta y canta . . . . 161 . . . . . Las aptitudes lingüísticas
Este cerdito . . . . 162 . . . . . . .La relación de apego
¿Duermes tú? . . . . 163 . . . . .La relación de apego
¿Dónde está Pulgarcito? . . . . . 164 . . . . La destreza
Juega a gatas. . . . . 165 . . . . Divertirse

6-9 meses

El juego bailado. . . . . 166 . . . . Divertirse
Los cinco deditos . . . . 167 . . . . Divertirse
El balancín . . . . 168 . . . . Divertirse
Vamos a dar palmitas. . . . . . . 169 . . . . El sentido del ritmo
Hagamos música . . . . 170 . . . . El sentido del ritmo
Escuchemos música . . . . 171 . . . . . Distinguir los sonidos
La granja . . . . 172 . . . . . Las aptitudes lingüísticas
Uno, dos, uno, dos . . . . 173 . . . . Las aptitudes auditivas

9-12 meses

Las mañanitas. . . . . 174 . . . . .Crear una rutina matutina
Sanco Panco. . . . . 175 . . . . Divertirse
Juegos con dos tubos . . . . 176 . . . . La creatividad
Cantar es divertido . . . . 177 . . . . El sentido del ritmo
El cocherito leré . . . . 178 . . . . La coordinación

Juegos con los dedos de las manos y los pies

0-3 meses

Juegos sobre el césped	180	Distinguir las texturas
Un guante con diferentes texturas	181	Distinguir las texturas
Manos, manitas	182	Distinguir las texturas
Sonajeros y mordedores	183	La coordinación
Aerobic para bebés	184	Hacer ejercicio
Los cinco cerditos	185	Conocer el propio cuerpo
Los dedos del bebé	186	Conocer el propio cuerpo
A pedalear	187	Conocer el propio cuerpo
Éste es viejo	188	La relación de apego

3-6 meses

Mis dedos de los pies	189	La coordinación
Menéate, dedito	190	Aprender a imitar
Este dedito del pie	191	Divertirse
¿Qué notas?	192	Distinguir las texturas
¿Dónde está el sonido?	193	Distinguir los sonidos
Este trenecito	194	Las aptitudes lingüísticas
Nada, pececillo	195	Las aptitudes lingüísticas
Cinco lobitos	196	Conocer el propio cuerpo
Toca tus dedos	197	Conocer el propio cuerpo

6-9 meses

Suelta la pelota	198	Soltar objetos
Toca esto	199	Distinguir las texturas
Pie, pie	200	La relación de apego
A la trico, trico, tran	201	La relación de apego
Caricias en los pies	202	La relación de apego
Frota, frota, dedo, dedo	203	Conocer el propio cuerpo
A rastras	204	Los sonidos de los animales
Las galletas de hojaldre	205	Coger objetos pequeños
Mano muerta	206	Divertirse
La granja	207	Fomentar la confianza

9-12 meses

Abre y cierra las manos	208	Aprender a imitar
Una cuchara y agua	209	Manejar una cuchara
Ya es hora de dormir	210	Divertirse
Los ratoncitos	211	Divertirse
El caracol	212	Divertirse

El juego del guante . . . . 213 . . . . .Resolver problemas
Esta vaquita . . . . 214 . . . . .La relación de apego
Si estás contento (contenta) . . . 215 . . . . . Conocer el propio cuerpo
A través del agujero. . . . . 216 . . . . La coordinación
Éste es el padre . . . . 217 . . . . Identificar a la familia

Juegos para bañarse y vestirse

0-3 meses

Cógelo fuerte . . . . 220 . . . . Sujetar objetos
Descubro mis manos . . . . 221 . . . . . Conocer el propio cuerpo
Besos de amor. . . . . 222 . . . . . Conocer el propio cuerpo
El baño del bebé . . . . 223 . . . . .La relación de apego
Mi precioso bebé . . . . 224 . . . . .La relación de apego
Sigue el juguete. . . . . 225 . . . . La coordinación de la vista
¿Dónde está el sonajero? . . . . . 226 . . . . Distinguir los sonidos
A ver si me encuentras . . . . . . 227 . . . . Distinguir los sonidos

3-6 meses

La lancha . . . . 228 . . . . Divertirse
Es hora de bañarse . . . . 229 . . . . . Conocer el propio cuerpo
Los dedos del bebé . . . . 230 . . . . . Conocer el propio cuerpo
Hola, manos. . . . . 231 . . . . .Distinguir los colores
Diversión con un pañal. . . . . . . 232 . . . . . . .El sentido del humor
Es la hora del masaje . . . . 233 . . . . .La relación de apego
Juanito, cuando baila.... . . . . . 234 . . . . Hacer ejercicio

6-9 meses

¡Uno, dos, a patear!. . . . . 235 . . . . Hacer ejercicio
Haz rodar la pelota . . . . 236 . . . . Hacer ejercicio
Dóblate y estírate . . . . 237 . . . . Hacer ejercicio
Chapotea en la bañera . . . . . . 238 . . . . Hacer ejercicio
¿A quién ves? . . . . 239 . . . . Las aptitudes lingüísticas
A lavar esos deditos. . . . . . . : . 240 . . . . Conocer el propio cuerpo
Ris, ras . . . . 241 . . . . Divertirse
Cucú, cantaba la rana . . . . . . 242 . . . . Divertirse
Los diez deditos de los pies . . . 243 . . . . Aprender a contar

9-12 meses

El juego de los zapatos . . . . . . 244 . . . . Divertirse
Que llueva. . . . . 245 . . . . Divertirse
T-a-a-an grande . . . . 246 . . . . Aprender a sentarse

La canción de los besos . . . . . . 247 . . . . .La relación de apego
En el espejo . . . . 248 . . . . .Conocer el propio cuerpo
La borla de empolvar. . . . . . . 249 . . . . .Conocer el propio cuerpo
Yo me lavo. . . . . 250 . . . . .Conocer el propio cuerpo
Una sorpresa en la bañera . . . . . 251 . . . . La capacidad cognitiva
Aprieta y diviértete . . . . 252 . . . . . . Fortalecer los músculos
Una sorpresa a flote . . . . 253 . . La coordinación óculo-manual
Atrapa el juguete . . . . 254 . . La coordinación óculo-manual

Juegos para la hora de dormir

0-3 meses

Buenas noches, bebé . . . . 256 . . . . .La relación de apego
El beso de las buenas noches . . . 257 . . . . .La relación de apego
Arrorró, mi niño (niña) . . . . . . 258 . . . . . . Una rutina para dormir
Dulces sueños . . . . 259 . . . . . Las aptitudes lingüísticas
Es la hora de dormir . . . . 260 . . . . Fomentar la confianza
Te arrullo en mis brazos . . . . . . 261 . . . . El sentido del ritmo
Escucha los sonidos. . . . . 262 . . . . Distinguir los sonidos

3-6 meses

El biberón del bebé. . . . . 263 . . . . Distinguir las texturas
La luna. . . . . 264 . . . . . Las aptitudes lingüísticas
Duérmete, tesoro mío . . . . . . 265 . . . . . . .La relación de apego
Vamos a la cama . . . . 266 . . . . . . .La relación de apego
El viento sopla . . . . 267 . . . . .Conocer el propio cuerpo
Es hora de dormir . . . . 268 . . . . .Conocer el propio cuerpo
Sube y baja en ascensor . . . . . . 269 . . . . Fomentar la confianza
Este niño tiene sueño . . . . 270 . . . . . El cariño y la confianza

6-9 meses

Estírate hacia arriba . . . . 271 . . . . Aprender a relajarse
Un masaje para mi bebé . . . . . . 272 . . . . Aprender a relajarse
Duérmete, niño mío (niña mía). . 273 . . . . .La relación de apego
El viento está soplando. . . . . . . 274 . . . . .La relación de apego
Arrorró . . . . 275 . . . . . Las aptitudes lingüísticas

9-12 meses

Ya se van los pastores . . . . 276 . . . . .La relación de apego
Canción de cuna . . . . 277 . . . . .La relación de apego
Sonríeme . . . . 278 . . . . .La relación de apego
El coco. . . . . 279 . . . . . Las aptitudes lingüísticas

Niño querido (niña querida) . . . 280 . . . . . Las aptitudes lingüísticas
Tengo una muñeca. . . . . 281 . . . . . Las aptitudes lingüísticas
¿Te cuento un cuento?. . . . . . . 282 . . . . . Las aptitudes lingüísticas
Veo la luna . . . . 283 . . . . . . Una rutina para dormir
Buenas noches, que descanses bien. 284 . . . . . . Una rutina para dormir

Índice de canciones 285

Nota de la autora

Desde siempre me ha gustado pasar tiempo con niños pequeños; hay algo maravilloso y alegre en las risas y sonrisas de los bebés. Durante los últimos quince años he impartido clases a padres, madres y bebés juntos, y hemos compartido música, juegos, diversión, movimiento, amor y vinculación. Los padres y las madres me han enseñado juegos que practican con sus bebés, y todos los que aparecen en este libro los hemos jugado y disfrutado mucho. Estos juegos, que provienen de diferentes culturas y grupos étnicos, también se han jugado con niños «especiales».

Aparte de ser divertidos, estos juegos mejorarán las aptitudes auditivas y lingüísticas de tu bebé, y fomentarán su curiosidad, el conocimiento de su cuerpo y su sentido del humor. La descripción de cada juego explica qué aprenderá tu hija o hijo mientras está practicando aquella actividad.

Los juegos son experiencias de aprendizaje muy valiosas para los bebés y un proceso de vinculación muy importante tanto para el adulto como para el niño. El apego sano y la vinculación estrecha entre el bebé y los adultos que le cuidan proporcionan al pequeño la seguridad emocional necesaria para su desarrollo completo.

Juega a estos juegos con tu bebé. ¡Abrázale, acaríciale, tócale, bésale y diviértete con él o con ella!

Jackie Silberg

La franja de edad que se da para cada actividad es un cálculo aproximado. Ten en cuenta que cada bebé se desarrolla a su propio ritmo. Utiliza los conocimientos que tengas de tu niño o niña en concreto para calibrar si aquella actividad es adecuada para su edad.

Pautas generales del desarrollo

Del nacimiento a los seis meses

Desarrollo motor, auditivo y visual

Mantiene erguida la cabeza
Coge un sonajero o juguete
Se gira para ponerse de costado
Se sienta apoyándose en las manos
Se agarra a las manos de un adulto para sentarse
Sigue con los ojos los objetos que se mueven
Enfoca objetos pequeños con la vista
Comienza a estirarse para coger objetos
Levanta y sujeta bloques
Transfiere objetos de una mano a otra
Se sobresalta al oír ruidos fuertes
Gira la cabeza hacia una campanita que suena
Gira la cabeza al sonido de una voz
Responde agitándose cuando oye una voz

Desarrollo del lenguaje y el conocimiento

Balbucea y gorjea
Gorgotea cuando ve otras personas
Emite sonidos sencillos como «aahh» o «gue, gue»
Repite el mismo sonido constantemente
Sonríe, ríe y suelta carcajadas
Intenta emitir una cierta variedad de sonidos
Responde con sonidos cuando se ocupan de él
Sonríe cuando le prestan atención
Muestra su afán haciendo ruidos
Protesta cuando se le quita su juguete favorito
Responde de manera variada dependiendo de quién le trate
Reacciona cuando ve un juguete
Se da cuenta cuando hay cambios en su rutina
Intenta repetir movimientos
Reacciona cuando ve a extraños

Inspecciona sus manos
Se lleva objetos a la boca
Fija los ojos en sus manos cuando las mueve
Se sonríe cuando se ve en el espejo
Emite sonidos a su imagen en el espejo
Anticipa la hora de comer
Juega solo o sola durante diez minutos o más
Coge una cuchara
Se lleva galletas a la boca sin ayuda
Aguanta su biberón parte del tiempo
Levanta una taza por el asa
Mira directamente a la cara de las personas
Reconoce a sus padres y otras personas familiares
Alarga los brazos a personas familiares
Responde al juego del escondite
Sonríe como respuesta a expresiones de la cara

De seis a doce meses

Desarrollo motor, auditivo y visual

Cuando está de pie encoge las piernas y bota
Se sienta sin ayuda
Es capaz de encajar clavijas en una tabla de clavijas
Hace rodar una pelota cuando está sentado o sentada
Gatea rápidamente
Sube escaleras
Se pone de pie sin ayuda
Señala con la mano lo que sigue con los ojos
Coge objetos pequeños con los dedos en forma de pinza
Coloca bloques dentro de una taza
Golpea dos bloques juntos
Mira las imágenes en un libro
Suelta objetos dentro de recipientes
Responde a los diferentes tonos y cadencias de las voces que oye
Reconoce palabras familiares y responde de acuerdo a ellas
Agita una campana en imitación
Deja una actividad cuando escucha un «no»
Muestra interés por ciertos gestos y palabras

Imita sonidos del lenguaje
Gorjea rítmicamente
Combina dos sílabas como «mamá» y «papá»
Imita los sonidos de ciertos animales
Dice sus primeras palabras reales aparte de «mama» y «papá»
Atrae la atención hacia sí haciendo ruidos
Imita el acto de aplaudir
Dice adiós con la mano
Sigue instrucciones sencillas
Entiende el «no»
Sacude la cabeza para indicar «no»
Estira de un cordón para obtener un juguete
Encuentra un bloque escondido en una taza
Entiende el significado de «papá» y «mamá»
Saca un bloque del interior de una taza cuando se lo enseñan
Aprieta juguetes para que suelten un pitido o chillido
Busca juguetes que no están a la vista en ese momento

Desarrollo del autoconocimiento

Pide o exige que le presten atención
Aparta las manos de otros para mantener la posesión de un juguete
Pone las manos delante de la cara para evitar que se la laven
Alarga los brazos para que le cojan
Chupa alimentos blandos de la cuchara
Coge, muerde y mastica bastoncitos de pan y galletas
Puede comer solo o sola ayudándose con los dedos
Bebe de un vaso o tazón con ayuda
Controla su babeo
Responde a los gestos
Juega y disfruta «haciendo pastitas»
Repite un acto cuando ha provocado risa
Reclama una respuesta de su «público»
Coopera cuando le visten estirando los brazos

Juegos de aprendizaje y desarrollo

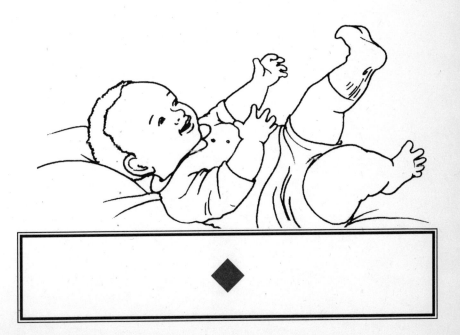

Ponte de lado, bebé

◆ Los bebés toman conciencia de sus cuerpos a través de movimientos intencionales. Girarse de costado y ponerse boca arriba cuando estaba boca abajo es un movimiento intencional.

◆ Coloca al bebé boca arriba. Siéntate detrás de él y aguanta un juguete pequeño encima de su cara.

◆ Una vez que te hayas asegurado de que el bebé está atento, mueve el juguete hacia un lado.

◆ Realiza el movimiento lentamente y alienta al bebé para que coja el juguete. Si se gira, entrégale el juguete para que juegue con él.

◆ Si el bebé tiene parte de su cuerpo girado y necesita un poco de ayuda, empújalo con suavidad.

◆ Cuanto más a menudo juegues a esto, más rápido podrá el bebé girarse por su cuenta, realizando así un movimiento intencional.

OBJETIVO DEL JUEGO:
GIRARSE SOBRE EL COSTADO

Diviértete con un espejo

◆ Pon a tu bebé en su cuna. Su cabeza puede estar orientada hacia delante o hacia un lado; no hace falta una postura determinada.

◆ Coloca un espejo irrompible en un lateral de la cuna.

◆ Háblale a tu bebé, y cuando tengas la seguridad de que te está escuchando, toca el espejo con tu dedo para atraer su atención.

◆ El espejo le proporcionará al bebé algo estimulante que hacer mientras está en la cuna.

◆ OBJETIVO DEL JUEGO:
LA CAPACIDAD DE OBSERVACIÓN

Pío, pío, pajarillo

◆ Coge a tu bebé en brazos y mírale a los ojos.

◆ Mueve tu dedo índice lentamente delante de sus ojos para captar su atención.

◆ Cuando lo hayas conseguido, mueve tu dedo hacia la izquierda y observa si sus ojos lo siguen.

◆ Mueve tu dedo hacia la derecha y observa si continúa siguiéndolo con la vista.

◆ Mientras mueves tu dedo, recita:

> *Pío, pío, pajarillo, pío, pío.*
> *Pío, pío, pajarillo, pío, pío.*
> *Pajarillo, pajarillo, pío, pío,*
> *Pío, pío, pajarillo, pío, pío.*

◆ Al principio, tu bebé probablemente sólo podrá seguir tu dedo durante muy poco tiempo. Realiza esta actividad todos los días, y verás cómo progresa.

◆ OBJETIVO DEL JUEGO:
LA CAPACIDAD DE OBSERVACIÓN

La imagen móvil

◆ Los dibujos y las formas interesantes de colores vivos estimulan a los bebés.

◆ Encuentra una imagen colorida de un animal y pégala en una cartulina.

◆ Haz un agujero en la cartulina y pasa por éste un cordón de color.

◆ Ata la imagen a uno de los barrotes de la cuna para que tu bebé pueda verla. Asegúrate de que el cordón está bien sujeto al barrote y a la cartulina.

◆ Al cabo de unos días, cambia la imagen de sitio en la cuna para estimular aún más a tu bebé.

◆ También puedes probar a colocar la imagen en otra parte de la casa.

◆ OBJETIVO DEL JUEGO:
FIJARSE EN FORMAS Y COLORES

Mira los colores

◆ Cualquier estímulo visual es un entretenimiento maravilloso para los bebés.

◆ Reúne todas las bufandas, pañuelos y corbatas de colores vivos que tengas a mano. Enróscalos alrededor de los barrotes en la cuna de tu bebé.

◆ Habla con tu bebé en frases cortas como: «Mira los bonitos colores» y «Oh, qué colores más bonitos».

◆ Cambia al bebé de posición para que así pueda observar una mayor variedad de formas y colores.

**OBJETIVO DEL JUEGO:
FIJARSE EN LOS COLORES**

¡Oh, qué bonito!

◆ Los bebés necesitan estímulo visual. Pon un calcetín de colores vivos y alegres en el pie de tu bebé.

◆ Mueve su pie para que pueda ver el calcetín.

◆ Cuando vea el color, se agitará.

◆ Al principio, verá los colores por casualidad, pero pronto aprenderá a fijarse en un color durante más tiempo.

◆ Cambia el calcetín de pie, o ponle calcetines en ambos pies.

◆ Pon uno de los calcetines en la mano del bebé. Observa cómo comienza a mover su mano delante de sus ojos y cómo centra su atención en lo que está viendo.

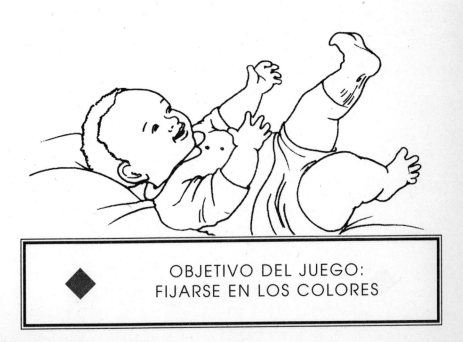

◆ OBJETIVO DEL JUEGO:
FIJARSE EN LOS COLORES

Mira, mira, mira

◆ Según algunas investigaciones, parece que cuanto más se alienta a los bebés para que miren objetos nuevos, más alta será su puntuación en pruebas de inteligencia a los cuatro años.

◆ El cambiar a tu bebé de una habitación a otra, o de un nivel a otro (suelo, silla, cama), ya supone una gran diferencia para él o ella con respecto a lo que puede ver.

◆ Coge tres objetos. Sujeta uno de ellos en tu mano y dile al bebé cómo se llama el objeto. Haz lo mismo con los otros dos.

◆ Uno por uno, pon cada objeto en las manos de tu bebé, repitiendo de nuevo cómo se llama.

◆ Repite este juego la próxima vez que le ofrezcas estos mismos objetos al bebé.

◆ Para variar, esconde uno de los objetos detrás de tu espalda y pregúntale al bebé: «¿Dónde está el ...?». A continuación, mueve el objeto para que quede delante de él o de ella y di: «Aquí está».

OBJETIVO DEL JUEGO:
APRENDER A CONCENTRARSE

Exploremos toda la casa

◆ Coge a tu bebé en brazos y muévete por toda la casa hablándole y señalándole pares de acciones opuestas.

◆ «La luz está apagada... la luz está encendida.»

«La puerta está abierta... la puerta está cerrada.»
«La toalla está colgada... la toalla está en el suelo.»
«Te estoy levantando... te estoy bajando.»
«La taza está llena... la taza está vacía.»

◆ Realizar estas acciones motivará a tu bebé a querer hacerlas por su cuenta algún día.

OBJETIVO DEL JUEGO:
APRENDER SOBRE OPUESTOS

Agita los envases

◆ Llena varios envases pequeños de plástico con diferentes objetos como cascabeles, alubias secas, arroz o canicas. Los huevos de plástico o los cilindros de los rollos de película fotográfica son envases muy adecuados.

◆ Dale un envase al bebé, y mientras estás cogiendo su mano, agita el envase y dile: «Agítalo, agítalo».

◆ Entrégale otro envase y vuelve a repetir las acciones.

◆ Éste es un juego para comenzar a ayudar a los bebés a distinguir sonidos, lo cual a la vez fomenta el desarrollo del lenguaje.

◆ OBJETIVO DEL JUEGO:
DISTINGUIR LOS SONIDOS

¡A dar pataditas!

◆ Pon a tu bebé boca arriba.

◆ Sujeta sus piernas por los tobillos y dóblalas por las rodillas.

◆ Ahora endereza cada pierna por separado y repite estos movimientos de «patear» varias veces con cada pierna.

◆ Ahora junta las dos piernas y ayúdale a «patear» con las dos a la vez.

◆ Si cantas mientras haces este ejercicio, el bebé disfrutará aún más. Prueba a cantar esta letra al son de «¿Dónde están las llaves?»:

> *Ejercicio, ejercicio,*
> *Vamos a hacer ejercicio,*
> *Ejercicio, ejercicio,*
> *Éste será nuestro oficio, pim, pom.*

**OBJETIVO DEL JUEGO:
LA COORDINACIÓN**

Habla por los codos

◆ Entre los cinco y seis meses, los bebés responden a muchos ejemplos visuales antes de poder entender las palabras.

◆ Habla con tu bebé y explícale siempre qué vas a hacer antes de realizar la acción.

◆ Dile: «Te voy a coger en brazos». A continuación extiende tus brazos para proporcionarle el ejemplo visual.

◆ Dile todo lo que piensas hacer antes de actuar: «Te voy a bajar», «Te voy a cambiar el pañal», «Te voy a dar un beso».

◆ Después de haber hecho esto durante un rato, pasa a utilizar sólo una palabra en vez de decir una frase completa: «abajo», «arriba», y otras que se te ocurran.

◆ El bebé aprenderá rápidamente a responder a tus señales visuales. Si cada vez que estiras los brazos para coger a tu bebé dices la palabra «arriba», ella o él pronto extenderá sus brazos cuando te vea con los brazos extendidos.

OBJETIVO DEL JUEGO:
LAS APTITUDES LINGÜÍSTICAS

Libros cilíndricos

◆ Convierte cualquier envase cilíndrico de plástico o cartulina en un libro para tu bebé.

◆ Busca fotos o imágenes de revistas que resulten atractivas para encolarlas al cilindro. Escoge fotos de cosas que tu bebé pueda reconocer, como animales, personas, vasos, pelotas o juguetes.

◆ Cubre las imágenes con papel adhesivo transparente.

◆ Juega con tu bebé. Haz rodar el cilindro y señala las diferentes imágenes. Cuéntale cosas sobre ellas.

◆ Pídele que encuentre una imagen: «¿Dónde está el perrito?».

OBJETIVO DEL JUEGO:
LAS APTITUDES LINGÜÍSTICAS

Una charla por teléfono

(Éste es un juego maravilloso para desarrollar el lenguaje.)

◆ Necesitarás tener a mano un teléfono de juguete o desconectar uno de verdad.

◆ Sienta al bebé en tu regazo y aprieta el teléfono contra tu oído mientras vas hablando. Di una frase corta: «Hola, ... (nombre de tu bebé)».

◆ Después de haber hecho esto unas cuantas veces, finge una conversación más larga de dos o tres frases completas. Emplea el nombre de tu bebé en la conversación y otras palabras que ya entiende como: «papá», «adiós», etc.

◆ Ahora aprieta el auricular contra el oído del bebé y observa si decide hablar por teléfono o aún no.

◆ OBJETIVO DEL JUEGO:
LAS APTITUDES LINGÜÍSTICAS

¿Qué juguete es?

◆ Sienta a tu bebé en su silla alta.

◆ Escoge tres de sus juguetes favoritos cuyos nombres sólo consten de una palabra, como por ejemplo, pelota, muñeco y bloque.

◆ Levanta la pelota y di «pelota».

◆ Levanta el muñeco y di «muñeco».

◆ Haz lo mismo con el bloque.

◆ Pídele a tu bebé que levante la pelota. A continuación, pídele que levante el muñeco, y después el bloque.

◆ Deberás repetirlo varias veces antes de que tu bebé comience a asociar las palabras con los objetos.

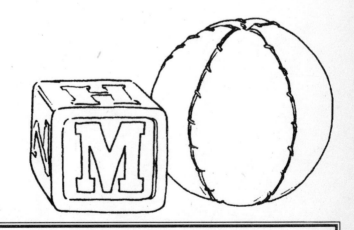

◆ OBJETIVO DEL JUEGO:
LAS APTITUDES LINGÜÍSTICAS

Sonidos familiares

◆ Ayuda a tu bebé para que pueda ir reconociendo los diferentes sonidos que le rodean.

◆ Cada vez que quieras que preste atención a un sonido, nómbralo: el teléfono, las pisadas, el agua corriente, el timbre de la casa, la televisión, y otros. Siempre que puedas, señala el origen del sonido cuando lo nombres.

◆ Saca a tu bebé afuera e identifica los sonidos que oyes. Escucha los pájaros, los aviones, los niños que juegan y otros sonidos que captes. De nuevo, señala el origen de cada sonido cuando lo nombres, pues esto ayuda a que el bebé centre su atención.

◆ También puedes hacerle preguntas relacionadas con sonidos: «¿Has oído el teléfono?». A continuación, coge el auricular y di: «Esto es el teléfono».

OBJETIVO DEL JUEGO:
LAS APTITUDES AUDITIVAS

En un restaurante de comida rápida

◆ Llevar a un bebé a un restaurante de comida rápida puede ser una magnífica experiencia de aprendizaje, pues en él encontrará muchas cosas nuevas para observar y escuchar.

◆ También puedes crear un juguete sencillo para que se divierta en la silla alta.

◆ Coge varias tapas de plástico de los vasos de bebida y pásalos por una pajita de beber, dejando entre cada tapa un poco de espacio.

◆ Enseña a tu bebé cómo sacar las tapas y cómo volver a pasarlas.

◆ Deja que lo haga por su cuenta.

◆ OBJETIVO DEL JUEGO:
MANIPULAR OBJETOS PEQUEÑOS

¡A divertirse gateando!

◆ Coloca objetos en el suelo para que tu bebé gatee encima de ellos, se arrastre por debajo de ellos o los rodee; de esta manera le ayudarás a que aprenda más sobre su entorno.

◆ Haz una pila en el suelo con cojines y almohadas para que gatee por encima.

◆ Sitúalo al lado de una mesa para que pueda gatear por debajo.

◆ Deja que te persiga alrededor de una silla.

◆ Gatea hacia atrás y observa si te imita.

◆ Pon un juguete en una silla baja para alentarle a gatear hasta ella y así poder coger el juguete.

OBJETIVO DEL JUEGO:
LA COORDINACIÓN

¿Dónde está la muñeca?

◆ Cuando un bebé se mira en el espejo, no se da cuenta de que la imagen que ve reflejada es la suya.

◆ Coge la muñeca o el muñeco de peluche favorito de tu bebé y haz que se mueva. Finge que la muñeca está hablando.

◆ Ahora sujeta la muñeca delante de un espejo y muévela como lo estabas haciendo antes. Pregúntale a tu bebé: «¿Dónde está la muñeca?».

◆ Aléjate del espejo y repite la actividad.

◆ OBJETIVO DEL JUEGO:
LA CAPACIDAD DE OBSERVACIÓN

Juguemos a explorar

◆ Busca una zona espaciosa donde haya un buen césped para que tu bebé pueda gatear.

◆ Siéntate en el césped con tu bebé en el regazo. Coge una brizna de hierba y hazle cosquillas en la nariz mientras le dices: «Hierba».

◆ Gatea por el césped con tu bebé.

◆ Juega al escondite detrás de un banco o un arbusto. Observa si logra encontrarte.

◆ Pon algunos de sus juguetes favoritos sobre el césped. Colócalos en sitios interesantes para que al gatear hacia ellos el niño o la niña pueda explorar entornos variados.

◆ Juega a la carretilla con tu bebé. Levanta sus piernas del suelo para que gatee con las manos.

OBJETIVO DEL JUEGO:
LAS APTITUDES DE EXPLORACIÓN

Gateando sobre texturas

◆ Busca artículos que tengan texturas interesantes, por ejemplo: un tapete de hule, muestras de telas, una alfombra, una manta suave o un retal de terciopelo.

◆ Colócalos sobre el suelo y gatea con tu bebé sobre cada uno de ellos por separado.

◆ Mientras estás gateando, describe las texturas con adjetivos como liso, rugoso, áspero, suave, etc.

◆ Cuando hayas repetido este recorrido varias veces, vuelve a colocar los artículos cambiando su orden.

◆ OBJETIVO DEL JUEGO:
LAS APTITUDES DE EXPLORACIÓN

¡Mira, ya sé verter!

◆ Siéntate en el suelo con tu bebé. Pon vasos de papel llenos de cereales delante de ti. Los que mejor funcionan son los redondos.

◆ Muéstrale al bebé cómo se vierte el cereal de un vaso a otro. A continuación, deja que intente verter de un vaso a otro.

◆ Los bebés se pasarán mucho tiempo realizando esta actividad hasta que consigan hacerlo bien. Además, disfrutan comiendo todo lo que se les cae.

◆ El siguiente paso para aprender a verter es usar agua. De todas formas, eso vendrá mucho más adelante.

◆ OBJETIVO DEL JUEGO:
LA COORDINACIÓN

Cajas, cajas

◆ Hay muchas maneras de usar cajas para que tu bebé desarrolle su destreza con las manos.

◆ Busca cajas con tapas. Enséñale al bebé cómo quitar la tapa de una caja y cómo ponérsela de nuevo. Varía el tamaño y las texturas de las cajas.

◆ Las cajas también sirven como buenos recipientes de juguetes pequeños, bloques, o pinzas de tender la ropa. Enséñale al bebé cómo soltar objetos dentro de la caja para después volcarla y recuperar el objeto. CUIDADO: Usa sólo objetos que sean suficientemente grandes para que el bebé no se los pueda tragar.

◆ También es divertido usar cajas para crear teléfonos de mentira, sombreros o altavoces.

◆ Aguanta una caja delante de tu boca y habla dentro de ella. Di el nombre de tu bebé.

OBJETIVO DEL JUEGO:
LA COORDINACIÓN

Suelta la pinza

◆ El objetivo de este juego es dejar caer unas pinzas para tender la ropa dentro de un envase.

◆ Puedes usar una lata cilíndrica vacía o puedes cortar una abertura grande en un cartón de leche vacío. CUIDADO: Asegúrate de que el borde de la lata es totalmente liso.

◆ Enséñale al bebé cómo coger la pinza para soltarla dentro de la abertura. Si, al principio, inclinas el envase hacia un lado ayudarás a que el bebé consiga meter la pinza.

◆ Para recuperar las pinzas, muestra al bebé cómo girar el envase y ponerlo al revés.

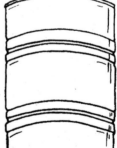

◆ OBJETIVO DEL JUEGO:
DIVERTIRSE

Haz rodar la pelota hacia mí

◆ Necesitarás una pelota blanda de tela.

◆ Siéntate en el suelo mirando a tu bebé y haz rodar la pelota hacia él o ella.

◆ Coge sus manos entre las tuyas y muéstrale cómo debe hacer rodar la pelota hacia ti.

◆ Este juego es muy divertido para el bebé, y con un poco de ayuda aprenderá rápidamente a devolverla a la persona que está jugando con él o ella.

◆ Un indicio de que un bebé ya está preparado para jugar a este juego es que empiece a tirar cosas fuera de su cuna.

OBJETIVO DEL JUEGO:
HACER RODAR UNA PELOTA

Diviértete con unas cintas

◆ Escoge tres de los juguetes favoritos de tu bebé y ata una cinta alrededor de cada uno de ellos.

◆ Muéstrale cómo debe tirar de la cinta para conseguir el juguete.

◆ Pídele que te dé un muñeco atado a una cinta. Señala la cinta que deberá coger apoyando tu mano sobre ella. Quizás al principio tengas que ayudarle.

◆ Después de intentarlo varias veces, será capaz de tirar del juguete sin ningún problema.

◆ Pídele que te entregue cada uno de los juguetes atados con una cinta.

◆ Esconde un juguete de tal manera que sólo asome la cinta atada a él. Pregúntale al bebé dónde está el juguete y enséñale a tirar de la cinta para cogerlo.

◆ Le encantará hacer esto y reirá con gran deleite.

◆ OBJETIVO DEL JUEGO:
SEGUIR INSTRUCCIONES

El juego de las muñecas

◆ Sienta al bebé en tu regazo. Acaricia su pelo y dile: «Qué pelo tan bonito».

◆ Pon sus manos sobre tu pelo y dile: «El pelo de papá» (o de quien sea el pelo).

◆ Pasa un peine por el pelo del bebé.

◆ Muéstrale cómo peinar tu pelo.

◆ Busca una muñeca que tenga pelo y pasa el peine por sus cabellos.

◆ Dale la muñeca a tu bebé y pídele que la peine.

◆ Pídele que se peine.

◆ Pídele que te peine.

**OBJETIVO DEL JUEGO:
SEGUIR INSTRUCCIONES**

¿Dónde está el pie?

◆ Dibuja un bebé sobre un papel de embalar grande.

◆ Pega con celo retales de tejidos a diferentes partes del cuerpo como las manos, la cabeza, los dedos de los pies, las rodillas y la barriguita.

◆ Pregúntale: «¿Dónde está la cabeza del bebé?». Despega el celo y levanta el material que tapaba la cabeza a la vez que dices: «¡Hola, cabeza!».

◆ Continúa con el juego hasta haber nombrado todas las partes.

◆ Tu bebé pronto estará jugando a este juego por su cuenta.

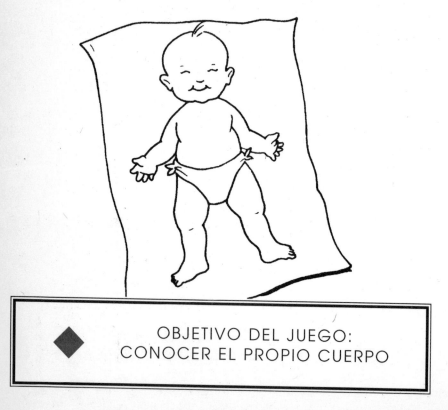

◆ OBJETIVO DEL JUEGO:
CONOCER EL PROPIO CUERPO

Miremos antes de cruzar

◆ Cuando vayas a cruzar la calle con tu bebé, haz lo siguiente.

◆ Dile: «Ahora estamos en la esquina. Vamos a cruzar la calle. Nos tenemos que asegurar de que no viene ningún coche. Mira a la izquierda». Gira el cochecito o al bebé hacia la izquierda.

◆ Ahora di: «Bien, no vienen coches. Ahora miremos a la derecha». Gira el cochecito o al bebé hacia la derecha.

◆ A continuación di: «No vienen coches. Bien, ahora sí que podemos cruzar la calle».

◆ De esta manera el niño aprenderá normas de seguridad de tránsito, además de plantearle el concepto de izquierda y derecha.

OBJETIVO DEL JUEGO:
TOMAR MEDIDAS DE SEGURIDAD

Recogiendo tesoros

◆ La naturaleza es un entorno magnífico para que el bebé explore y descubra cosas.

◆ Cuando vayas de paseo al parque, lleva un cubo o balde para ayudar a tu niño o niña a meter en él piedras, hojas, ramas y palos que vaya descubriendo.

◆ Una vez tengas el cubo lleno, busca un sitio cómodo para verter el contenido en el suelo y examinarlo.

◆ Deja que vaya tocando con sus manos cada una de las piedras y las hojas que recogió a medida que le dices el nombre de cada tesoro.

◆ Tu bebé disfrutará volviendo a meter todos los tesoros dentro del cubo para después desparramarlos en otro sitio.

◆ Pídele que te regale una hoja o una piedra.

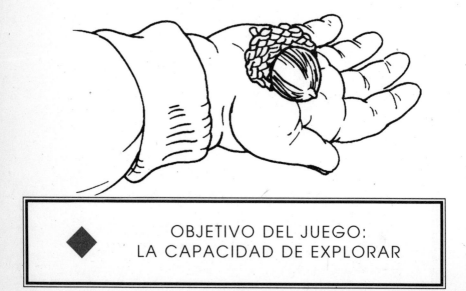

◆ OBJETIVO DEL JUEGO:
LA CAPACIDAD DE EXPLORAR

¿Dónde se ha ido?

◆ Este juego ayudará a tu bebé a comprender que un objeto sigue existiendo aun cuando no lo pueda ver.

◆ Siéntate en el suelo con tu bebé y muéstrale su juguete favorito.

◆ Deja que el bebé juegue con el juguete durante unos minutos y después pregúntale si te deja jugar a ti también.

◆ Si está de acuerdo, coge el juguete y tápalo con un trapo que esté al alcance del bebé.

◆ Ayúdale a encontrar el juguete y vuelve a repetir el juego. Pregúntale: «¿Dónde está el juguete?» o algo parecido. Dale un toque de misterio al juego.

◆ Repite este juego varias veces hasta que el bebé entienda dónde está el juguete y consiga recuperarlo.

◆ Juega de nuevo con un juguete u objeto diferente.

OBJETIVO DEL JUEGO:
LAS APTITUDES COGNITIVAS

¿Qué hacer con tres?

◆ Siéntate en el suelo con tu bebé frente a ti.

◆ Dale un juguete pequeño que pueda sujetar bien con una mano.

◆ Una vez que lo tenga bien asido, dale un segundo juguete para que lo sujete con la otra mano.

◆ Cuando sea capaz de sujetar un juguete en cada mano, ofrécele un tercero. Al principio, intentará cogerlo con las manos llenas, pero pronto se dará cuenta de que ha de dejar uno de los juguetes para poder coger el otro.

OBJETIVO DEL JUEGO:
RESOLVER PROBLEMAS

El juego de empujar

◆ Es importante que tu bebé pueda practicar cómo mantener el equilibrio cuando empieza a caminar. El empujar una silla o un andador le ayudará a desarrollar su sentido del equilibrio.

◆ Busca una silla ligera y muestra al pequeño cómo la puede empujar por toda la casa. Mientras el bebé la empuja, recita este poema:

Camino, camino,
dando este paseo,
camino, camino,
éste es mi recreo,
camino, camino,
y no me lo creo.

◆ Sal afuera y deja que tu bebé empuje su andador o silla mientras tú repites este poema.

◆ OBJETIVO DEL JUEGO:
MANTENER EL EQUILIBRIO

Levanta los pies

◆ Practica este juego cuando tu bebé esté aprendiendo a dar sus primeros pasos. Es difícil mantener el equilibrio, pero este juego le ayudará a mejorar su equilibrio.

◆ Pon algunos juguetes pequeños (los bloques son muy adecuados) en el suelo.

◆ Sujeta su mano mientras camina. Cuando llegue al sitio donde están los juguetes, tendrá que levantar los pies para pasar por encima de ellos sin pisarlos.

◆ Enseña a tu bebé a desfilar. Se divertirá mucho, y además es un ejercicio excelente para desarrollar los músculos.

◆ Una vez que pueda pasar por encima de los bloques con soltura, encuentra bloques o cajas un poco más altos; así tendrá un nuevo reto.

◆ Cuando estéis pasando por encima de los bloques dile a tu bebé que está pasando «por encima» de los objetos.

◆ También puedes enseñarle a pasar «por el lado» de los bloques.

OBJETIVO DEL JUEGO:
MANTENER EL EQUILIBRIO

Encuentra el cascabel

◆ Necesitarás tres cartones de leche pequeños y papel adhesivo transparente.

◆ Cubre dos de los cartones con un papel del color que más te guste y escoge un color diferente para cubrir el tercero.

◆ Pon un cascabel o un sonajero pequeño dentro del tercer cartón. Sella los tres cartones **completamente**.

◆ Dale a tu bebé uno de los cartones y ayúdale a agitarlo.

◆ Cuando le entregues el cartón que suena, reacciona al sonido para que él o ella también reaccione.

◆ Para que tu bebé además aprenda a distinguir los colores, ayúdale a escoger el cartón que tiene un cascabel en su interior y que por fuera es de un color diferente.

◆ OBJETIVO DEL JUEGO:
DISTINGUIR SONIDOS Y COLORES

Tras la pelota

◆ Perseguir una pelota es un ejercicio fantástico.

◆ Busca un parque o un jardín público grande donde no haya tráfico ni ciclistas. Llévate a tu hijo o hija y una pelota de playa. Dentro del parque, haz que la pelota ruede por una pendiente suave. Dile a tu bebé que vaya tras ella y que la recupere. Una vez que la tenga, enséñale cómo empujarla hacia ti. Si ya camina, la puede cargar hasta donde estás.

◆ Una vez que empieces a jugar a este juego, tu hijo o tu hija querrá repetirlo una y otra vez.

◆ Intenta botar la pelota contra una pared para que vaya hacia el bebé. Esto le encantará, e intentará recuperar la pelota.

◆ Dale la pelota al bebé y observa lo que hace con ella. Si intenta imitarte, ve tras la pelota y devuélvesela.

OBJETIVO DEL JUEGO:
JUGAR A LA PELOTA

Un montón de zapatos

◆ Reúne varios pares de zapatos.

◆ Coge un zapato y sepáralo del resto; pon los otros zapatos amontonados a un lado de la habitación.

◆ Dale el zapato suelto a tu bebé y dile que busque su pareja entre el montón.

◆ Si le cuesta mucho, ayúdale a encontrar el otro zapato. Háblale de características particulares de los zapatos para que entienda que van en pares; por ejemplo: un lazo, unas hebillas, una forma concreta o el color.

◆ Dale otro zapato del montón y observa si es capaz de encontrar su pareja. Cuanto más practique, más fácil será para tu bebé encontrar los pares.

◆ OBJETIVO DEL JUEGO:
EMPAREJAR OBJETOS

Dame el juguete

◆ Escoge tres juguetes que le gusten mucho a tu bebé.

◆ Sujeta cada juguete por separado y di cómo se llama.

◆ Pon los tres delante de tu bebé. Nombra uno de los juguetes y pide al bebé que te lo dé.

◆ Cuando escoja el correcto, prémiale aplaudiendo y elogiándole con mucho entusiasmo.

◆ Esconde uno de los juguetes detrás de tu espalda. Pregúntale dónde está y a continuación enséñaselo.

◆ Esconde el mismo juguete detrás de la espalda del bebé. Pregúntale dónde está. Al cabo de muy poco tiempo entenderá que el juguete está detrás de su espalda.

OBJETIVO DEL JUEGO:
LAS APTITUDES LINGÜÍSTICAS

Juegos para crear
un vínculo especial

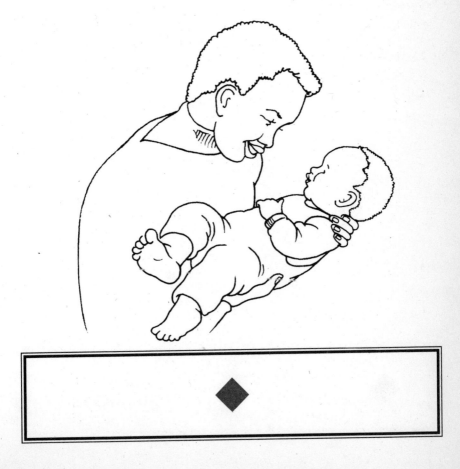

Momentos especiales

◆ Los bebés recién nacidos responden al tacto y al sonido. Por eso, cada vez que tú coges a tu bebé en brazos y le hablas estás consolidando una relación de confianza entre vosotros o vosotras dos.

◆ Tu bebé se acostumbra muy pronto a tu tono de tu voz y a la fuerza con que le coges en tus brazos.

◆ Intenta ser constante tanto en el tono de tu voz como en la forma en que le coges. Juega a repetirle las mismas palabras o frases para que le resulten familiares y disfruta con los arrullos y gorjeos que compartirá contigo.

◆ Muy pronto tu bebé te gorjeará y sonreirá. Es su forma de comunicar su apego a ti.

◆ OBJETIVO DEL JUEGO:
FOMENTAR LA CONFIANZA

Juguetes parlanchines

◆ Encuentra un momento de sosiego para jugar a esto con tu bebé.

◆ Coloca muñecos de tela y animales de peluche alrededor de su cuna. Algunos de ellos deberían ser lo suficientemente pequeños como para que tu bebé los pueda coger.

◆ Sujeta uno de los muñecos delante del bebé y muévelo hasta que capte su atención. Cuando lo muevas, haz que el muñeco hable y salude: «Hola, bebé», «¿Cómo estás, mi precioso pequeño?», etc.

◆ En algún momento, él intentará agarrar el muñeco. Cuando consiga cogerlo, se sentirá feliz porque ha sido capaz de hacerlo.

◆ Intenta variar este juego con juguetes de tamaños, texturas y formas diversas. Cambia el tono de tu voz cuando haces que el juguete supuestamente hable. De esta manera le das la oportunidad al bebé de oír sonidos y tonos diferentes.

◆ Este juego es excelente para desarrollar su motricidad fina y sus capacidades auditivas.

OBJETIVO DEL JUEGO:
LAS APTITUDES LINGÜÍSTICAS

Gorjeos y abrazos

◆ No cabe duda de que el lenguaje de los bebés es el gorjeo. Cuando un bebé capta alguna cosa de interés, responde gorjeando.

◆ Juega a este juego de gorjeos con tu bebé. Sujeta un objeto de colores vivos a la altura de sus ojos. Cuando reaccione con un gorjeo, contéstale gorjeando y abrazándole.

◆ Pronto sabrás lo que le gusta a tu bebé.

◆ Cuando los bebés aprenden que los sonidos que emiten son acogidos con entusiasmo, aprenden rápidamente a producir aún más sonidos. Es así como se fomenta el desarrollo temprano del lenguaje y del habla.

OBJETIVO DEL JUEGO:
LAS APTITUDES LINGÜÍSTICAS

¡Vamos a patear!

◆ A los bebés les encanta echar las piernas para arriba y patear en el aire. Como seguramente sabes, otra actividad que practican desde muy pequeñitos es la de meterse los dedos de los pies en la boca.

◆ Para ayudar a tu bebé a practicar el ejercicio de doblar las piernas y patear, puedes colocar objetos a los pies del bebé; los juguetes de peluche, los sonajeros o tus manos le pueden servir también para notar diferentes texturas o escuchar sonidos provocados por sus patadas.

◆ Coloca cada objeto por separado a sus pies y deja que lo patee.

◆ Pon una almohada para que le dé patadas.

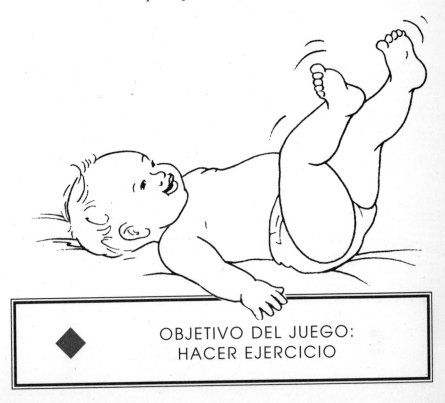

OBJETIVO DEL JUEGO:
HACER EJERCICIO

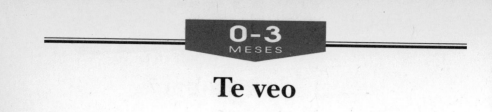

Te veo

◆ Túmbate boca arriba y coloca al bebé sobre tu estómago. Llámalo por su nombre y álzalo un poco para alentarlo a que levante la cabeza para verte.

◆ Repite este juego una y otra vez, y anima al bebé con palabras de elogio y cariños cada vez que consiga levantar su cabeza un poquito.

◆ Intenta una variante de este juego colocando al bebé boca abajo en el suelo. Sujeta un objeto de colores vivos delante de él o ella para alentarle a levantar la cabeza.

◆ Cada vez que levante la cabeza un poco, dile unas palabras de ánimo y elogio.

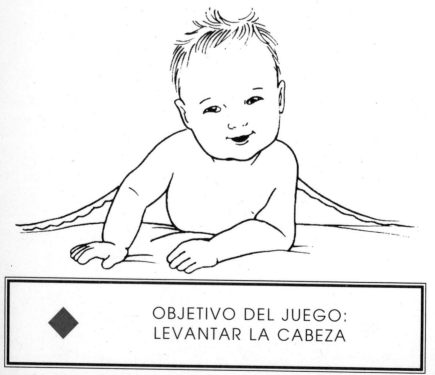

◆ OBJETIVO DEL JUEGO:
LEVANTAR LA CABEZA

Acaricia a tu bebé

◆ Éste es un juego de vinculación fantástico que da pie a una amorosa interacción entre los adultos y el bebé.

◆ Busca un surtido de cosas que te pueden servir para acariciarlo. Una sábana fina, un retal de seda, una pluma o una bola de algodón son objetos excelentes para esta actividad.

◆ Puedes cantar muy suavemente mientras le acaricias; los arrullos y las nanas son muy apropiados.

◆ Frota ligeramente cada uno de sus dedos de las manos y los pies mientras le cantas. Esto le encantará.

◆ A continuación, acaricia cada uno de los dedos de las manos y los pies con cada uno de los elementos que has escogido.

OBJETIVO DEL JUEGO:
CONOCER EL PROPIO CUERPO

Juegos con títeres

◆ Viste tu índice con un títere de dedo. Ahora, muévelo lentamente mientras llamas al bebé por su nombre.

◆ Mueve el títere hacia arriba y hacia abajo y observa si el bebé es capaz de seguir el movimiento.

◆ Inténtalo moviendo el títere en círculos.

◆ Si tu bebé es capaz de seguir el movimiento del títere, prueba a hacer un movimiento nuevo. Esta actividad es idónea para captar su interés y los dos disfrutaréis con los movimientos que se te ocurran, especialmente si los acompañas de sonidos divertidos.

◆ OBJETIVO DEL JUEGO:
MIRAR UN OBJETO

Un collar para tu bebé

◆ Busca un collar colorido o confecciónate un collar con cuentas de colores llamativos para ponértelo alrededor del cuello.

◆ Usa el collar cuando des de mamar o de comer a tu bebé.

◆ Mientras tu bebé descansa durante o después de su toma, tendrá una cosa alegre y colorida para ir mirando.

◆ Si mueves el collar, despertarás aún más su interés.

◆ Al mirar el collar de colores y oír tu voz tranquila, tu bebé tendrá una sensación de bienestar y plenitud muy placentera.

OBJETIVO DEL JUEGO:
DISTINGUIR LOS COLORES

Bup, bebé

◆ Este juego es ideal para practicarlo cuando estás cambiando el pañal de tu bebé.

◆ Pon al bebé boca arriba. Toca diferentes partes de su cuerpo y haz el sonido «bup» cada vez que lo toques.

◆ Tu bebé sonreirá cada vez que lo hagas y te darás cuenta de que está a la espera de que lo toques de nuevo en un sitio diferente.

◆ Tras hacer el sonido «bup», también puedes nombrar la parte del cuerpo que has tocado para que la vaya asociando a la palabra.

◆ OBJETIVO DEL JUEGO:
LA CONDUCTA SOCIAL

¿Dónde pusimos tu muñeco?

◆ Siéntate delante de una mesa con tu bebé en el regazo.

◆ Pon su muñeco o juguete favorito enfrente de él o ella para que lo pueda ver bien.

◆ Háblale sobre el muñeco. A continuación, coge al bebé y gíralo para que estéis cara a cara.

◆ Si gira la cabeza para buscar su juguete con la vista, elógiale y entrégale el juguete.

◆ Si ya ha aprendido a gatear, realiza esta actividad sobre el suelo. Pon a tu bebé boca abajo y coloca el muñeco delante de él o ella.

◆ Mueve el muñeco para que le quede a un lado; verás como gatea y se gira para encontrarlo.

◆ Cuando tu bebé ha empezado a buscar el juguete, es muy importante que lo encuentre rápidamente; de esta manera desarrolla la confianza en sí mismo.

OBJETIVO DEL JUEGO:
LA CONFIANZA EN UNO MISMO

Vuela, bebé, vuela

◆ Siéntate en el suelo con tu bebé frente a ti. Ayúdale a sostener su cuerpo poniendo tus manos debajo de sus brazos y cubriendo su pecho.

◆ Pregúntale a tu bebé: «¿Listo para volar por el cielo?». A continuación di: «Allá vamos: ¡uno, dos y treeeees!».

◆ Al llegar a tres, comienza a levantar al bebé poco a poco mientras te vas echando hacia atrás sobre tu espalda.

◆ Ahora estás tendido o tendida en el suelo mientras tienes al bebé «volando por el cielo». Anímale diciendo cosas como: «Vuela, bebé, vuela», «yupiii» o cualquier otra cosa que se te ocurra.

◆ Este juego es excelente para el adulto que está con el bebé, pues fortalece los músculos de la espalda.

◆ OBJETIVO DEL JUEGO:
LA RELACIÓN DE APEGO

Arriba va el bebé

◆ Sujeta al bebé en tus brazos y dile:

> *Alibabá, arriba va el bebé.*
> (Sostén al bebé por encima de ti en el aire.)
> *Alibabá, vamos a abrazar al bebé.*
> (Abrázalo.)
> *Alibabá, abajo va el bebé.*
> (Bájalo hasta que toque el suelo.)
> *Alibabá, vamos a abrazar al bebé.*
> (Abrázalo.)

◆ Cuando abraces a tu bebé, ¡no te reprimas si tienes ganas de darle un beso muy fuerte!

OBJETIVO DEL JUEGO:
LA RELACIÓN DE APEGO

Explorando

◆ Échate sobre tu cama y coloca al bebé sobre tu pecho.

◆ Sujétalo para que no se deslice y dile frases cariñosas como: «Te quiero», «eres un bebé precioso», «eres más bueno que el pan», etc.

◆ Ayuda al bebé para que explore los rasgos de tu cara. Cuando toque tu nariz, di la palabra «nariz». Cuando toque tu pelo, di la palabra «pelo».

◆ Ahora sujeta al bebé y álzalo por encima de tu cabeza. Dirígele palabras de amor cuando su vista se quede clavada en la tuya.

◆ OBJETIVO DEL JUEGO:
LA CAPACIDAD DE EXPLORAR

Chocando narices

◆ Sienta al bebé en tu regazo para que quede cara a cara contigo y di «bu» tres veces.

◆ Cuando digas el primer y el segundo «bu», mueve tu cabeza hacia la del bebé. Al tercer «bu», choca tu nariz con la suya suavemente. Si dices el último «bu» un poco más fuerte, el juego se hará aún más divertido.

◆ Repite este juego una y otra vez. Cada vez que comiences de nuevo, cambia el tono de tu voz. Prueba a jugar una vez con tono agudo y la siguiente con tono grave.

◆ Puedes probar a susurrar el primer y segundo «bu» y decir el tercero con tu voz normal. Ten cuidado de no gritar, pues esto podría asustar al bebé.

OBJETIVO DEL JUEGO:
DIVERTIRSE

Arroyo claro

◆ Una de las primeras cosas que aprenden los bebés es a reconocer sonidos. Ayuda a tu bebé a diferenciar sonidos; esta capacidad es muy importante para su desarrollo posterior.

◆ Sostén a tu bebé en brazos y cántale la canción popular «Arroyo claro»:

Arroyo claro,
fuente serena,
quién te lavó el pañuelo
saber quisiera.

Me lo ha lavado
una serrana
en el río de Atocha
que corre el agua.

Una lo lava,
otra lo tiende,
otra le tira rosas
y otra, claveles.

Tú eres la rosa;
yo soy el lirio,
¡quién fuera cordón de oro
de tu justillo!

◆ Canta la canción en tonos diferentes, a veces agudos y otros bajos.

◆ Cambia al bebé de posición mientras le cantas; puedes ponerle sobre un hombro, después sobre el otro, en tu regazo, etc.

OBJETIVO DEL JUEGO:
DISTINGUIR LOS SONIDOS

El juego de los besos

◆ Coge a tu bebé en brazos y recítale el siguiente poema. Mientras canturreas cada verso, dale un beso en cada parte del cuerpo que nombres.

Tus deditos deliciosos
beso con amor,
y en esa naricilla
planto un beso con calor.

Los ojos y la cara
beso con ardor
para que mi bebé
sepa de mi amor.

◆ OBJETIVO DEL JUEGO:
CONOCER EL PROPIO CUERPO

El juego de los nombres

◆ Pon al bebé en tu regazo. Toca cada una de sus facciones y nómbralas.

◆ Toca dos facciones. Cada vez que lo hagas, di: «ésta es la nariz del bebé (intercala su nombre)» y «ésta es la mejilla del bebé». Repite varias veces.

◆ Coge la mano del bebé y toca tu nariz y tu mejilla con ella. A la vez que guías su mano, dile: «Ésta es la nariz de papá» y «Ésta es la mejilla de papá», o «Ésta es la nariz de la abuela», etc.

◆ Si tocas y nombras sólo dos facciones cada vez, será más fácil para él o ella entender la relación entre las palabras y las facciones.

◆ Ahora pregúntale al bebé: «¿Dónde está tu nariz?». Pon su mano sobre su nariz y contesta: «¡Aquí está!». Repite esta actividad con todas las facciones que hayas nombrado.

◆ OBJETIVO DEL JUEGO:
CONOCER EL PROPIO CUERPO

¿En qué mano lo tengo?

◆ Cierra tu mano sobre un objeto pequeño interesante o atractivo.

◆ Abre la mano para que el bebé pueda ver el objeto. Vuelve a cerrar la mano.

◆ Pregúntale: «¿Dónde está (el nombre del objeto)?». Abre tu mano otra vez y vuelve a mostrarle el objeto.

◆ Ahora usa la otra mano y repite el juego.

◆ Tu bebé pronto tratará de coger tu mano para intentar alcanzar el objeto.

◆ Este juego ayuda a que los bebés entiendan que los objetos que están dentro de recipientes o envases no han desaparecido.

◆ OBJETIVO DEL JUEGO:
LA CAPACIDAD DE EXPLORAR

Cuéntame un cuento

◆ Sienta a tu bebé sobre tu regazo de modo que estéis cara a cara.

◆ Explícale que tienes un cuento para contarle.

◆ Comienza diciendo: «Érase una vez, había un...». Espera a que responda con una risa o un gorjeo.

◆ Para que el cuento tenga mayor interés para tu bebé, introduce hechos cotidianos en su vida y personas que le son familiares en tu relato. Cuenta el cuento con frases cortas y haz pausas para que el bebé pueda intercalar respuestas en su lenguaje.

◆ Se dará cuenta muy pronto de que sus sonidos provocan una respuesta de entusiasmo por tu parte.

◆ Juegos de este tipo son un gran aliciente para que los bebés parloteen.

**OBJETIVO DEL JUEGO:
LAS APTITUDES LINGÜÍSTICAS**

¡Qué tacto!

◆ Con el bebé en tus brazos, puedes hacer una excursión por toda tu casa e inventarte un paseo de texturas que le gustará mucho.

◆ Cada vez que te topes con un objeto, deja que el bebé lo toque; puedes describir su textura con adjetivos cortos.

◆ Busca objetos que puedas describir con palabras como áspero, rugoso, liso, terso, suave, duro, espinoso, sedoso, abollado, desigual y frío. Algunos ejemplos podrían ser:

> *Alfombra*: blanda.
> *Nevera*: fría.
> *Suelo*: duro.
> *Muñeco de peluche*: suave.
> *Pañuelo*: sedoso.

OBJETIVO DEL JUEGO:
DISTINGUIR LAS TEXTURAS

Un álbum especial

◆ Selecciona fotos de la familia, de amigos, de mascotas y de otros objetos que tu bebé ya conoce y con los que se siente a gusto.

◆ Pega cada una de las fotos con cola blanca a una tarjeta de fichero o a una cartulina de estas medidas. Para evitar que el niño o la niña chupe la foto, cúbrela con papel transparente adhesivo. Así quedará bien protegida.

◆ Con una perforadora de papel haz un agujero en el margen superior de la izquierda de cada una de las tarjetas y pasa un hilo de algodón o un cordón resistente por todos los agujeros para sujetar las tarjetas como si fueran un álbum.

◆ Siéntate con tu bebé y háblale de cada foto. Nombra las personas que aparecen y cuéntale cosas sobre ellas.

◆ Pídele a tu bebé que encuentre una foto determinada. «¿Dónde está papá?», «¿Dónde está la tía Ana?».

◆ Tu bebé se divertirá mucho al reconocer tantas caras conocidas.

OBJETIVO DEL JUEGO:
LAS APTITUDES LINGÜÍSTICAS

Arriba, Quique

◆ Coge la mano del bebé con la tuya.

◆ Toca con tu dedo índice cada uno de los dedos de tu bebé comenzando por el meñique y di la palabra «Quique». Continúa repitiendo «Quique» hasta que llegues a su dedo índice.

◆ Desliza tu dedo por su dedo índice y súbelo por su pulgar diciendo: «Arriba». Cuando llegues a la punta del pulgar, di: «Quique».

◆ El juego sonará así:

> *Quique, Quique, Quique, Quique,*
> *arriba, Quique,*
> *arriba, Quique,*
> *Quique, Quique, Quique.*

◆ **OBJETIVO DEL JUEGO:**
LAS APTITUDES LINGÜÍSTICAS

Juguemos al escondite

◆ Siéntate en el suelo con tu bebé cerca de un sitio que sirva de escondite, como podría ser un sillón o sofá.

◆ Muéstrale un juguete y deja que lo coja.

◆ Ahora coge tú el juguete y explícale: «ahora voy a esconder el juguete». Mientras el bebé te observa, esconde el juguete detrás del sofá.

◆ Pídele al bebé que encuentre el juguete. Si el bebé no entiende al principio de qué se trata el juego, tú tendrás que buscar el juguete para que él lo vea y, después, comenzaréis el juego de nuevo.

◆ Continúa jugando a este juego hasta que el bebé sepa encontrar su juguete rápidamente.

OBJETIVO DEL JUEGO:
LAS APTITUDES LINGÜÍSTICAS

Mmm, qué agradable

◆ Pon al bebé en el suelo para que se siente.

◆ Crea una «caja de texturas» recogiendo materiales y tejidos de diferentes texturas para depositarlos en su interior. Ahora deja la caja a un lado.

◆ Saca de la caja un trozo de piel (de borreguito o de conejo, por ejemplo) y acaricia la mejilla del bebé con él. Pásale este trozo suavemente por los brazos y las piernas para mostrarle cómo se acaricia.

◆ Mientras acaricias a tu bebé con la piel, susúrrale: «Mmm, qué agradable», «Qué suave es» u otras frases similares.

◆ Dale la piel a tu bebé para que pueda experimentar con su textura.

◆ Anímale para que la acaricie, la toque y la frote contra sí.

◆ Saca otros materiales de tu caja de texturas; por ejemplo, papel de seda para demostrarle cómo suena y se siente al arrugarlo y aplastarlo, y usa goma-espuma para que la apriete y la estruje.

OBJETIVO DEL JUEGO:
DISTINGUIR LAS TEXTURAS

El juego del codo

◆ Atrae la atención de tu bebé. Una vez lo has conseguido, tapa tu cara con el codo y pregúntale: «¿Dónde está papá?».

◆ Aleja el codo de tu cara para que quedes al descubierto, y dile: «Aquí estoy».

◆ Repite este juego varias veces hasta que tu bebé intente alejar el codo de tu cara.

◆ Sostén un animal de peluche o una muñeca y finge que la muñeca pregunta: «¿Dónde está papá?». Esto añade otra dimensión al juego y tu bebé disfrutará aún más.

◆ Haz la prueba de cambiar la modulación de tu voz cada vez que preguntes: «¿Dónde está papá?».

◆ OBJETIVO DEL JUEGO:
DIVERTIRSE

Juegos en la cocina

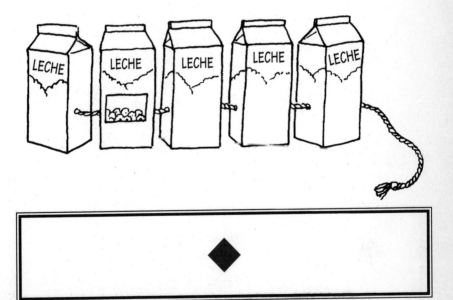

Palmas, palmitas

◆ Éste es un juego estupendo para desarrollar el sentido rítmico de tu bebé.

◆ Recita este popular poema mientras le ayudas a batir palmas.

Palmas, palmitas,
higos y castañitas,
azúcar y turrón
para mi niño (niña) son.

Palmas, palmitas,
higos y castañitas,
naranjas y limones
para los señores.

◆ Toca la nariz de tu bebé cuando digas las últimas palabras de cada estrofa.

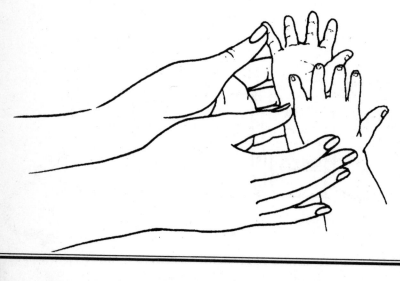

OBJETIVO DEL JUEGO:
EL SENTIDO DEL RITMO

Tiempo de caricias

◆ Es importante abrazar y arrullar al bebé mientras come, sobre todo cuando es muy pequeñito; de esta manera se sentirá seguro y protegido.

◆ Los brazos y las manos del bebé deberían estar libres para que pueda ir tocando y explorando con ellas mientras come.

◆ Pon sus manos sobre tu cara. Muévelas sobre tu nariz, tu boca, tu pelo y tus ojos.

◆ Coge con suavidad sus manos entre las tuyas y dales un masaje ligero.

◆ Acaricia sus brazos mientras le murmuras palabras de amor.

OBJETIVO DEL JUEGO:
LA RELACIÓN DE APEGO

¡Oh, qué bonito!

◆ Cuando estés dando de comer a tu bebé, pon un trapo de cocina de colores bonitos o un pañuelo alegre sobre tu hombro.

◆ Al bebé le gustará mirar tu cara y el trapo de cocina.

◆ Cuando haya terminado de comer, juega a mover el trapo de cocina delante de sus ojos y di palabras cariñosas como: «Oh, qué trapo más bonito y qué bebé más lindo».

◆ La próxima vez que tu bebé vea el trapo sobre tu hombro, lo asociará a una sensación placentera.

OBJETIVO DEL JUEGO:
LA CAPACIDAD DE EXPLORAR

Encuentra el ruido

◆ Una vez que tu bebé haya terminado de comer, sujétalo en tu regazo y juega a este juego.

◆ Agita un sonajero a un lado de su cabeza y después agítalo al otro lado.

◆ Al principio deberías agitarlo lentamente, pero poco a poco lo puedes hacer cada vez más rápido.

◆ Verás que tu bebé busca este ruido con la mirada. Cuando veas que responde al sonido, elógiale y abrázale.

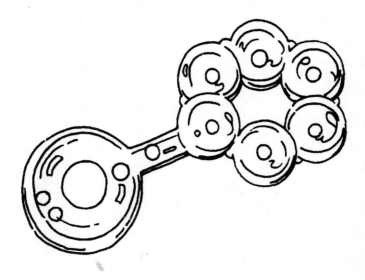

◆ **OBJETIVO DEL JUEGO:**
DISTINGUIR LOS SONIDOS

¡Aquí está la cuchara!

◆ Cuando tu bebé vea una cuchara por primera vez, seguramente no sabrá para qué sirve.

◆ Muéstrale la cuchara vacía. Dile algunas palabras cariñosas para que asocie las cucharas con cosas agradables.

◆ Aguanta la cuchara delante de él o ella, levántala y llévala a tu boca como si fueras a comer, y di: «Mmm, qué rico».

◆ Ahora pon un poco de comida en la cuchara y llévala a la boca del bebé. Dale de comer lo que tenga la cuchara (procura que sea papilla de frutas apropiada para su edad).

◆ Tu bebé pronto entenderá la función de la cuchara y se agitará con entusiasmo cada vez que la vea.

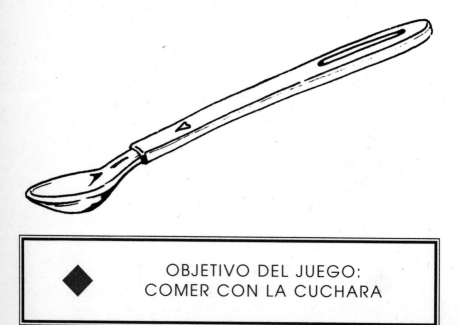

◆ OBJETIVO DEL JUEGO:
COMER CON LA CUCHARA

Juega con las manos

◆ Una vez que tu bebé sea capaz de sentarse cómodamente en su silla alta, podrás empezar a darle trocitos de comida que pueda coger con las manos.

◆ Cereales secos o verduras troceadas son alimentos que suponen
un reto para tu bebé y que le ayudan a desarrollar su destreza ma-
nipulando cosas pequeñas.

◆ Pon un poco de cereales secos en la bandeja de la silla alta y muéstrale cómo se recoge y cómo se suelta. (La parte complicada es soltar lo que ha recogido.)

◆ Enséñale cómo recoger un trozo de verdura y pasarlo a la otra
mano.

◆ Sostén tu mano delante del bebé con la palma hacia arriba y observa si es capaz de coger un trozo de verdura y ponerlo en tu
mano.

OBJETIVO DEL JUEGO:
LA COORDINACIÓN ÓCULO-MANUAL

Quiquiriquí

◆ A los niños les encanta este juego porque tiene la palabra «quiqui-riquí». Se trata de que tu bebé vaya siguiendo las instrucciones para identificar las diferentes partes de su cuerpo. Es importante repetir este juego una y otra vez.

> *Demos una vuelta a la cocinita,*
> *quiquiriquí.*
> *Demos una vuelta a la cocinita,*
> *quiquiriquí.*
> *Pon tu mano en tu cabecita,*
> *quiquiriquí.*
> *Pon tu mano en tu orejita,*
> *quiquiriquí.*
> *Pon tu mano en tu naricita,*
> *quiquiriquí.*
> *Pon tu mano en tu mejillita,*
> *quiquiriquí.*
> *¡Oh, qué cara tan bonita!*

◆ Mientras sostienes a tu bebé en brazos, pon su mano en cada parte del cuerpo que menciones.

◆ Nombra elementos de la cocina mientras pones la mano del bebé sobre ellos.

> *Pon tu mano en la botella...*
> *Pon tu mano en la mesa...*
> *Pon tu mano en el plato...*

OBJETIVO DEL JUEGO:
CONOCER EL PROPIO CUERPO

Postre de gelatina

◆ Una forma divertida de dejar que los bebés exploren texturas es preparar un juego con gelatina.

◆ Escoge una gelatina en polvo con sabor a frutas. Prepara la gelatina y deja que cuaje (necesitará un mínimo de dos horas). Ahora ya puedes desmoldarla y cortarla en forma de cubitos para ponerlos sobre la bandeja de la silla alta. Tu bebé se divertirá mucho viendo cómo la gelatina tiembla y se mueve cuando la toca o la corta con la cuchara, además de que le encantará el gusto y la textura de la gelatina con sabor a frutas.

◆ Recítale esta rima mientras juega y se la come:

La gelatina es un postre divertido:
tiembla cuando se lo toca
pero no dice ni pío.

◆ OBJETIVO DEL JUEGO:
LA CAPACIDAD DE EXPLORAR

¿Qué preparamos?

◆ Siempre que estés en la cocina, sienta a tu bebé en su silla alta o en cualquier silla segura apta para su edad; así podrás compartir lo que estás haciendo y tenerlo vigilado al mismo tiempo.

◆ Mientras preparas comida, puedes explicarle cada paso diferente que realizas.

> «Estoy removiendo.»
> «Estoy echando caldo.»
> «Estoy lavando.»

◆ Deja que tu bebé juegue con las cucharas para medir, con cuencos de madera o plástico y con cucharas de madera.

◆ Cuando sea mayor, deja que te ayude a verter, batir y remover.

◆ Siempre nombra los ingredientes que estás usando.

◆ OBJETIVO DEL JUEGO:
LAS APTITUDES LINGÜÍSTICAS

Charlemos un rato, bebé

◆ Cuando los bebés comienzan a hablar, se dice que balbucean. Producen todo tipo de sonidos y gorjeos mientras experimentan con el movimiento de la lengua por la boca.

◆ Los primeros sonidos que balbucea un bebé tales como «pa, pa, ta, ta» provocan entusiasmo en los padres. Cuando tu bebé diga «pa, pa, pa», contéstale con los mismos sonidos.

◆ Si le contestas, seguramente volverá a repetir el sonido.

◆ Intenta imitar todos los sonidos que haga tu bebé. De esta manera tendrá un aliciente para balbucear más, pues le encanta poderse comunicar contigo.

◆ Cuando juegues a este juego, haz un sonido nuevo de vez en cuando y fíjate en si te imita. Prueba con «ma, ma, ma», o «pi, pi, pi».

OBJETIVO DEL JUEGO:
LAS APTITUDES LINGÜÍSTICAS

El juego de los espaguetis

◆ Pon a hervir unos cuantos espaguetis. Una vez que estén cocidos y fríos, coge varios para ponerlos en la bandeja de la silla alta del bebé.

◆ Enséñale cómo mover un espagueti por la bandeja. Cógelo, agítalo, pasa los dedos a lo largo de él y descríbele su textura con palabras cortas.

◆ Deja que tu bebé haga experimentos con los espaguetis. Anímale en todo lo que haga.

◆ Junta varios espaguetis y deja que el bebé los separe.

◆ Seguramente una de sus exploraciones será llevárselos a la boca; no dejes que se meta un trozo muy grande ya que todavía no sabe masticar muy bien.

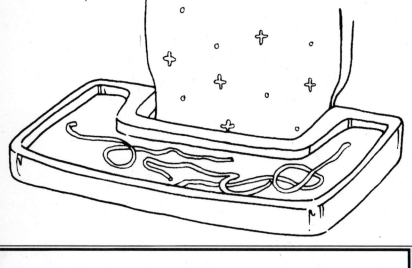

OBJETIVO DEL JUEGO:
LA CREATIVIDAD

El juego de la taza

◆ Sienta a tu bebé en su silla alta si ésta tiene bandeja o cerca de una mesa a cuya superficie llegue estirando los brazos.

◆ Pon una taza o un vaso delante de él o ella. Es conveniente que sea de plástico por si se cae.

◆ Coge la taza y finge que estás bebiendo de ella. Di cosas como «ñam, ñam» o «rico, rico».

◆ Ahora sostén la taza contra la boca del bebé y di las mismas cosas mientras tu bebé intenta beber.

◆ Vuelve a colocar la taza sobre la bandeja o la mesa. Observa si tu bebé intenta jugar a este juego por su cuenta.

OBJETIVO DEL JUEGO:
BEBER DE UNA TAZA O VASO

La bandeja de las magdalenas

◆ Pon un juguete pequeño dentro de uno de los moldes de la bandeja para hornear magdalenas.

◆ Muestra al bebé cómo sacar el juguete y volverlo a meter en su molde.

◆ Ahora anima a tu bebé para que saque el juguete y lo vuelva a introducir.

◆ Pon otro juguete en el segundo molde y repite la actividad.

◆ Sigue añadiendo juguetes hasta que todos los recipientes estén llenos.

◆ Verás como tu bebé no se cansará de jugar a sacar y meter los juguetes.

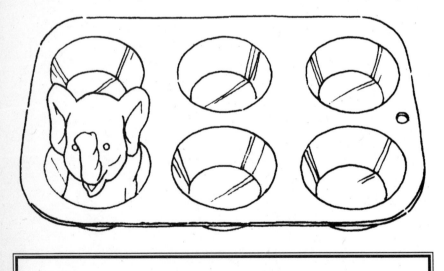

◆ OBJETIVO DEL JUEGO:
DIVERTIRSE

Agítalo y aporréalo

◆ Es conveniente jugar a este juego cuando tu bebé esté despejado.

◆ Sienta al bebé en su silla alta o en un suelo sin moqueta.

◆ Capta su atención golpeando un bloque de madera contra la mesa o el suelo. Ahora anímale para que haga lo mismo y muestra entusiasmo cada vez que lo intente.

◆ Repite esta actividad agitando un sonajero.

◆ Una vez que tu bebé haya entendido que se trata de coger un objeto para agitarlo o aporrearlo, puedes intentar cantar una canción de ritmo fácil para acompañarle.

◆ También puedes golpear la mesa con los nudillos y recitarle esta rima popular:

Pon, pon,
gallinita un huevo.

Pon, pon,
que no caiga al suelo.

OBJETIVO DEL JUEGO:
AGITAR UN OBJETO

Cazos y cazuelas

◆ A los bebés les encanta jugar con cazos y cazuelas.

◆ Enseña a tu hijo o hija cómo ponerle la tapa a un cazo o a una olla.

◆ Cuando sepa poner la tapa sin ningún problema, saca otra tapa de un tamaño diferente.

◆ Observa si el bebé es capaz de resolver el problema de qué tapa cubre el cazo o la olla.

◆ Pon juguetes pequeños o algún trozo de comida que le guste dentro del cazo. Cuando quite la tapa encontrará una sorpresa.

◆ OBJETIVO DEL JUEGO:
RESOLVER PROBLEMAS

El juego de la servilleta

◆ A los bebés les fascina este juego y nunca se cansan de jugarlo.

◆ Sienta al bebé en tu regazo de tal manera que quedéis cara a cara.

◆ Pon una servilleta de algún tejido suave sobre tu cabeza de forma que te cubra parte de la cara.

◆ Ahora tira de la servilleta hasta que quede tu cara al descubierto; sonríele y di: «Cu-cú».

◆ Haz estos gestos varias veces antes de intentarlo con el bebé. Ahora ya puedes poner la servilleta sobre su cabeza, quitársela y decir: «¡Cu-cú!».

◆ Pon la servilleta sobre la cabeza de tu bebé para ver si es capaz de destaparse sin ayuda. Si no lo consigue, ponle la servilleta y retírala hasta que aprenda a hacerlo por su cuenta.

OBJETIVO DEL JUEGO:
EL SENTIDO DEL HUMOR

El juego de la cuchara

◆ Los bebés disfrutan a lo grande batiendo una cuchara contra la mesa o contra otra cuchara.

◆ Dale una cuchara de madera y muéstrale cómo batirla contra superficies diferentes, como una mesa, el suelo, un periódico, etc.

◆ Dale dos cucharas metálicas al bebé y enséñale cómo golpearlas para que suenen. Deja que también las golpee contra otras superficies.

◆ Pregúntale: «¿Quieres batir las cucharas?». Cuando lo haga, exclama: «¡Muy bien!».

◆ Dale una olla y muéstrale cómo remover la cuchara dentro de la olla. Esto requiere un alto nivel de coordinación óculo-manual.

 OBJETIVO DEL JUEGO:
DISTINGUIR LOS SONIDOS

Tres bloques, dos manos

◆ Pon a tu bebé en una silla alta o en el suelo.

◆ Coloca dos bloques delante del bebé.

◆ Si no coge los bloques, pónselos en las manos.

◆ Coge un tercer bloque y entrégaselo al bebé. De esta forma aprenderá a soltar un bloque para poder coger otro.

◆ Todas las aptitudes relacionadas con manipular y soltar objetos muestran un desarrollo importante en el bebé.

◆ OBJETIVO DEL JUEGO:
SOLTAR UN OBJETO

Yo lo sé hacer solo (sola)

◆ Coloca un trozo de plátano o un puñado de cereales en la bandeja de la silla alta del bebé.

◆ Coge la comida con los dedos y ponla en tu boca mientras dices: «Cojo el plátano y me lo meto en la boca. Ñam, ñam, ñam».

◆ Toma la mano del bebé y ayúdale a coger un trozo de plátano. Al mismo tiempo, di: «(el nombre de tu bebé) coge un trozo de plátano y se lo mete en la boca. Ñam, ñam, ñam».

◆ Puedes cambiar la palabra al final de la frase de «ñam, ñam, ñam» por «mastica, mastica, mastica», «Muy bien», «Qué bien» o cualquier otra cosa que se te ocurra.

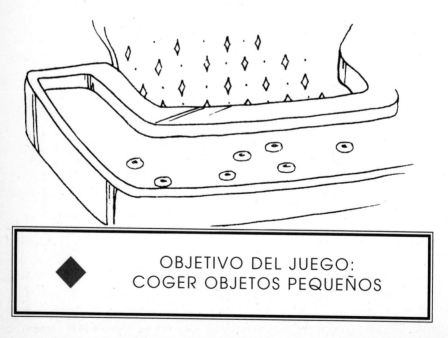

◆ OBJETIVO DEL JUEGO:
COGER OBJETOS PEQUEÑOS

El juego de verter

◆ La acción de verter es una capacidad que los niños desarrollan con mucha práctica.

◆ La cocina es un buen sitio para practicar esta actividad, y una cosa que funciona muy bien son los cereales secos.

◆ Pon dos vasitos de plástico del mismo tamaño en la bandeja de la silla alta. En cada uno de ellos puedes echar un poco de cereal; ahora muestra a tu bebé cómo verter el contenido de un vaso a otro.

◆ Al mismo tiempo que practica, se irá comiendo los cereales que le caigan fuera, con lo cual disfrutará doblemente.

◆ Ahora dale dos vasos de plástico de diferentes tamaños. Esto le dará la oportunidad de experimentar aún más.

OBJETIVO DEL JUEGO:
APRENDER A VERTER

Encuentra la galleta

◆ Necesitarás tres vasos de plástico transparente y unas galletas redondas (dulces y saladas).

◆ Sienta a tu bebé en su silla alta y mientras está observando lo que haces, esconde una de las galletas debajo del vaso. Deja que la encuentre y la coja; su premio será comérsela.

◆ Repite este juego, añadiendo un segundo vaso y luego un tercero. Asegúrate de que tu bebé te está observando cada vez que escondes la galleta.

◆ Elogia a tu bebé cada vez que encuentre la galleta.

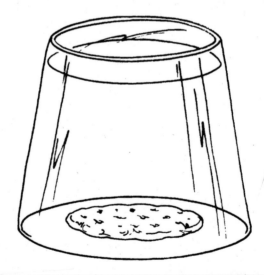

◆ OBJETIVO DEL JUEGO:
LA COORDINACIÓN ÓCULO-MANUAL

Chu-chu, llega la comida

◆ Perfora cinco o seis cartones de leche y pasa un cordel de lana por los agujeros para juntar los cartones y hacer un trenecito con ellos. El cordel debería ser lo suficientemente largo como para que te sobre medio metro por delante para tirar del trenecito.

◆ Corta uno de los laterales de un cartón de leche para llenar un tercio del interior con cereales, pasas u otros alimentos pequeños y nutritivos que le gusten a tu bebé.

◆ Enseña al bebé a tirar del tren de cartones por el suelo.

◆ Mientras tiras, di: «Chu-chu, llega la comida, chu-chuuu». También puedes imitar el silbido del tren.

◆ Di al bebé: «Vamos a parar en la estación para merendar». Pon una pasa o un poco de cereal en tu boca para que el bebé te imite.

◆ Sigue jugando y animando a tu bebé para que sea él quien tire del tren.

◆ OBJETIVO DEL JUEGO:
TIRAR DE UN OBJETO

¿Cabe?

◆ Los bebés aprenden lo que significa el tamaño y a distinguir entre medidas a través de experimentos que van realizando ellos mismos. Tocan objetos e intentan meter uno dentro de otro, y de esta manera se van haciendo una idea de lo que es grande y pequeño. Este proceso ocurre mucho antes de que entiendan las palabras «grande» y «pequeño».

◆ Los vasos con medidas son juguetes excelentes para enseñar a los bebés lo que es el tamaño.

◆ Dale dos vasos de plástico a tu bebé. Pon uno dentro del otro para que lo vea y después deja que lo pruebe por su cuenta.

◆ Cuando lo haya conseguido, dale un tercer vaso.

◆ Mientras hace experimentos con los diferentes tamaños, dile palabras de elogio para alentarle y para que sepa que lo está haciendo muy bien.

**OBJETIVO DEL JUEGO:
DISTINGUIR DIVERSOS TAMAÑOS**

Haz una pila

◆ Guarda envases y recipientes de cartón o plástico que tengas habitualmente en la cocina como cajas de cereales, las cajas de los huevos, los cartones de leche y zumos o los recipientes de mantequilla o margarina.

◆ Deja que tu bebé experimente apilando los envases. Aprenderá mucho sobre el equilibrio.

◆ Enséñale cómo construir una torre utilizando los envases. Cuando la torre se desequilibre y caiga, ríete con él o ella para que entienda que no pasa nada si se cae.

◆ Construye un puente o un túnel con los envases y recipientes, y después enséñale a empujar un cochecito por encima del puente o a través del túnel.

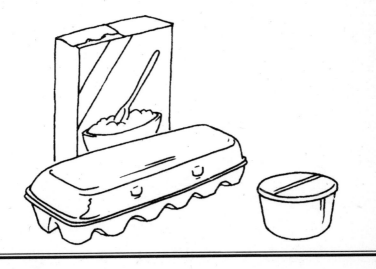

◆ OBJETIVO DEL JUEGO:
MANTENER EL EQUILIBRIO

Está frío

◆ Cuando lleves a tu bebé al supermercado, aprovecha para enseñarle cosas nuevas. Si estás en la sección de congelados y compras algún alimento frío, deja que lo palpe y repítele varias veces: «Está frío».

◆ Al llegar a casa, coloca todos los artículos congelados encima de la mesa.

◆ Abre la nevera y el congelador y deja que tu bebé lo toque por dentro. Dile que está frío.

◆ Entrégale los alimentos fríos que puede sostener y pídele que los guarde en la nevera o en el congelador. Mientras lo hace, dile: «Gracias por guardar las verduras congeladas» o «Gracias por guardar el salmón frío», nombrando cada artículo y usando la palabra *frío o fría* con cada uno de ellos.

OBJETIVO DEL JUEGO:
EL SENTIDO DEL TACTO

Juegos para reír y divertirse

Ruidos con la boca

◆ Imita los ruidos que hace tu bebé con la boca. De esta manera se establecerá una magnífica comunicación entre vosotros.

◆ Intenta hacer los siguientes sonidos:

Besar.

Chasquear con la lengua.

Apretar la boca en forma de círculo e inspirar aire ruidosamente.

Hacer un sonido con «ch, ch».

Meter tu dedo índice en la boca y estirarlo hacia fuera en forma de gancho para hacer «pop».

Soplar e inspirar.

Hacer el sonido «ba, ba» al mover los labios para arriba y para abajo con tu dedo índice mientras sueltas aire.

OBJETIVO DEL JUEGO:
LAS APTITUDES LINGÜÍSTICAS

Mira el mundo

◆ Coloca una almohada o un cojín bajo el pecho de tu bebé; de esta forma le será más fácil mantener su cabeza erguida para poder mirar a su alrededor.

◆ Pon unos cuantos juguetes de su gusto delante de él o ella.

◆ Pon un espejo delante de tu bebé a cierta distancia para que pueda mirar el «otro bebé». Sostén el espejo por detrás con un peso al igual que por delante para que no se pueda caer.

◆ Si tu bebé sólo se apoya sobre su estómago, su mundo es muy limitado, pues casi no puede moverse ni levantar bien la cabeza. En cambio, si se apoya sobre una almohada o cojín, puede explorar y tocar con las manos.

◆ Mientras está apoyado o apoyada, dile qué objetos puede ver y explícale cosas sobre ellos.

◆ OBJETIVO DEL JUEGO:
LA CAPACIDAD DE OBSERVACIÓN

Sigue la abeja

◆ Siéntate en una silla cómoda o en un sillón mientras sostienes a tu bebé en brazos.

◆ Alza tu dedo índice en el aire y haz un sonido como de zumbido («bzzz»).

◆ Mueve tu dedo delante de sus ojos mientras vas zumbando.

◆ Los ojos de tu bebé seguirán el movimiento de la «abeja». Haz aterrizar la «abeja» sobre tu bebé y hazle cosquillas ligeramente.

◆ Repite este juego muchas veces.

◆ Ahora, sostén el dedo de tu bebé en el aire. Haz el zumbido mientras lo mueves como hiciste con tu dedo; aterrízalo sobre tu mejilla.

◆ A los bebés les encanta este juego.

◆ OBJETIVO DEL JUEGO:
LA CAPACIDAD DE OBSERVACIÓN

Cosquillas en la mejilla

◆ No hay nada tan maravilloso como la sonrisa de un bebé feliz. Este juego hará que tu bebé sonría un montón.

◆ Mece a tu bebé en tus brazos con mucha dulzura.

◆ Acaricia la piel cerca de su boca con tu dedo índice suavemente.

◆ Cuando te sonría, dile palabras de elogio y cariño para que sepa que estás encantada o encantado.

◆ Prueba este juego. Acaricia la piel al lado de la boca de tu bebé tres veces y di: «Sonríe». También puedes contar hasta tres mientras le acaricias la cara: «Uno, dos, tres... sonríe».

◆ OBJETIVO DEL JUEGO:
DIVERTIRSE

Diviértete haciendo ejercicio

◆ Este juego ayudará a tonificar los músculos de tu bebé y fomentará su sentido del ritmo.

◆ Pon a tu bebé sobre su espalda para que quede boca arriba y mueve sus brazos y piernas con suavidad al compás de alguna retahíla o canción de juego.

◆ Canta la letra de la popular canción de corro «El patio de mi casa» mientras le mueves las manos hacia arriba, hacia abajo y hacia el centro para que se toquen.

◆ Canta la letra de «La tarara», una canción de pasillo muy conocida, mientras le mueves las piernas para arriba y para abajo y de vez en cuando como tijeras para abrirlas y cerrarlas.

OBJETIVO DEL JUEGO:
HACER EJERCICIO

Saquemos la lengua

◆ Los niños disfrutan imitando las caras y los sonidos que ven hacer a los adultos.

◆ Coge a tu bebé en brazos y consigue que te preste atención.

◆ Saca la lengua y haz un ruido al mismo tiempo.

◆ Te intentará imitar abriendo su boca y sacando la lengua.

◆ Prueba a mover la lengua hacia arriba, hacia abajo y a los lados; observa lo que hace tu bebé.

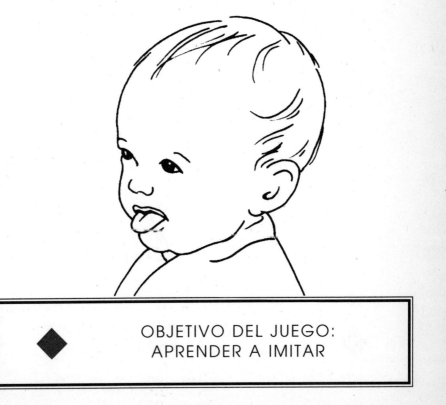

◆ OBJETIVO DEL JUEGO:
APRENDER A IMITAR

Juguetes que hacen ruidos

◆ Siéntate en una silla con el bebé en tu regazo.

◆ Aprieta un muñeco con un sonido incorporado.

◆ Pon el muñeco en la mano del bebé. Lo asirá como reflejo natural y se sorprenderá cuando haga ruido.

◆ Vuelve a darle el muñeco hasta que se vaya dando cuenta de que es su mano la que provoca que el muñeco haga un ruido.

◆ OBJETIVO DEL JUEGO:
CONOCER EL PROPIO CUERPO

Date la vuelta, pequeño (pequeña)

◆ Cuando tu bebé se gira de costado y queda boca abajo por primera vez, normalmente no logra volver a girarse. Cuando esto ocurre durante la noche, esta nueva capacidad suya no resulta tan maravillosa si se despierta llorando porque siente incomodidad.

◆ Juega a este juego con tu bebé para practicar la vuelta hacia los lados y de nuevo boca arriba.

◆ Canta esta letra con la melodía de «Vamos a contar mentiras». Mientras cantas, gira a tu bebé boca arriba.

> *Date la vuelta, pequeño (pequeña).*
> *Date la vuelta, pequeño (pequeña).*
> *Boca abajo, gírate.*
> *Boca arriba, gírate.*
> *Date la vuelta, pequeño (pequeña).*

◆ Si practicas esta acción de girarse y darse la vuelta con tu bebé, puedes evitar el problema de que se quede boca abajo por la noche.

OBJETIVO DEL JUEGO:
APRENDER A DARSE LA VUELTA

Estira la mano y toca

◆ Ata un pañuelo largo alrededor de tu cuello para que las puntas cuelguen por delante.

◆ Inclínate encima de tu bebé para que vea tu cara y pueda estirar la mano para tocar el pañuelo.

◆ Agita el pañuelo lentamente para atraer su atención. Toca sus manos con el pañuelo.

◆ Cuando tu bebé estire las manos para tocar el pañuelo, háblale y sonríele para que sepa que te gusta lo que está haciendo.

◆ Cuanto más lo alientes, más confianza tendrá en sí mismo o en sí misma y en lo que hace.

◆ OBJETIVO DEL JUEGO:
LA COORDINACIÓN ÓCULO-MANUAL

Juego de equilibrio

◆ Pon al bebé a tu lado sobre la cama. Aprieta contra el colchón para que bote ligeramente (especialmente si es de muelles).

◆ Coge al bebé firmemente por debajo de sus brazos para que bote hacia arriba y hacia abajo sobre la cama.

◆ Tiéndete sobre la cama al lado de tu bebé; haz que el colchón bote ligeramente mientras le abrazas y le hablas.

OBJETIVO DEL JUEGO:
MANTENER EL EQUILIBRIO

Al paso

◆ Siéntate en una silla cómoda con las piernas cruzadas.

◆ Sienta a tu bebé encima de tus piernas y cógele por debajo de los brazos.

◆ Mueve tus piernas hacia arriba y hacia abajo botando levemente mientras le recitas la letra de este popular juego. Cada nuevo verso indica que el ritmo debería ser más rápido, lo cual le encantará a tu bebé.

Alicia se fue a París
en un caballito gris.
Al paso, al paso, al paso,
al trote, al trote, al trote,
al galope, al galope, al galope.
En un caballito azul,
lolita se fue a Estambul.
Al paso, al paso, al paso,
al trote, al trote, al trote,
al galope, al galope, al galope.

Ipiti, apati, ipiti, ap.
Ipiti, apati, apati, IP.

◆ Cuando digas la palabra IP, levanta a tu bebé para darle un fuerte abrazo.

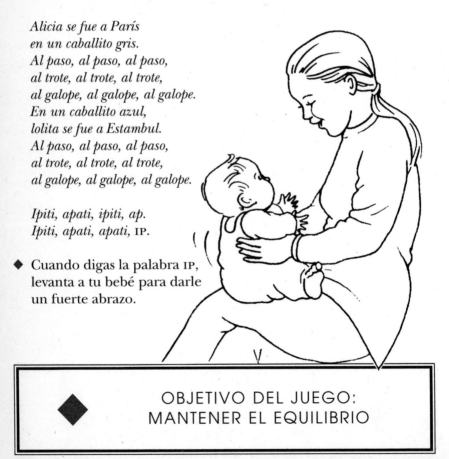

◆ OBJETIVO DEL JUEGO:
MANTENER EL EQUILIBRIO

Uno, dos, tres

◆ Juega a este juego en la cama. Pon a tu bebé boca arriba sobre una almohada para que quede mirando hacia ti.

◆ Coge las manos del bebé y empieza a contar.

> *¿Listo (lista) para ponerte de pie? ¡Adelante!*
> *Uno,* (pronunciado como «uuuuuuuno»)
> *dos,* (pronunciado como «doooooos»)
> *y tres* (pronunciado como «treeeeeees»)

◆ Al llegar a tres, estira del bebé gradualmente para que quede de pie. No sueltes sus manos y no lo mantengas mucho tiempo en esta posición, pues sus piernas todavía no están preparadas para aguantar su peso.

◆ Tu bebé se divertirá a lo grande y después aprenderá a contar hasta tres más rápidamente si has practicado este juego con él o ella.

◆ También aprenderá a anticipar que algo divertido va a ocurrir cuando se llegue a contar el número tres.

OBJETIVO DEL JUEGO:
PONERSE DE PIE

El juego de la araña

◆ Échate en el suelo boca abajo con tu bebé de manera que ambos quedéis cara a cara.

◆ Mueve tus dedos como si fueran una araña que camina por el suelo, rápidamente, y hazlos desaparecer y aparecer.

◆ Puedes recitar este poema, escenificando la letra con tus dedos:

> *Doña Araña Bonifacia brinca hacia ti contenta,*
> *con saltos y piruetas Doña Araña se presenta.*
> *¡Aquí viene! ¡Ya se va!*
> *Doña Araña Bonifacia va a su jardín de menta.*
> *¡Aquí vuelve! ¡Aquí está!*
> *Doña Araña Bonifacia trepa rápido tu mano,*
> *te acaricia suavemente preguntando por su hermano.*
> *Doña Araña Bonifacia brinca a tu naricita.*
> *¡Vaya araña presumida, preguntando si es bonita!*
> *¡Ahora huye! ¡Ya se ha ido!*
> *Justo cuando te has reído.*

◆ OBJETIVO DEL JUEGO:
ANTICIPARSE A LOS HECHOS

Aquí viene un insecto

◆ Sienta a tu bebé en su silla alta o en el suelo girado hacia ti.

◆ Mueve tus dedos rápidamente acercándolos cada vez más a la silla alta o al suelo donde está tu bebé.

◆ Mientras meneas tus dedos, di: «Aquí viene un insecto, pito, pito, muy bonito».

◆ Cuando ya estés muy cerca del bebé, «haz saltar» tus dedos sobre su mano o su pie.

◆ Di: «¡Salta!» cuando tu mano aterrice sobre su mano o pie.

OBJETIVO DEL JUEGO:
ANTICIPARSE A LOS HECHOS

Te voy a atrapar

◆ Los juegos repetitivos son muy importantes para los niños, pues con ellos aprenden a seguir pautas y a anticiparse a lo que ocurrirá.

◆ Sostén a tu bebé en brazos y dile: «Te voy a atrapar»; a continuación topa tu cabeza contra su barriguita y hazle cosquillas.

◆ Repite este juego una y otra vez. Tu bebé disfrutará tremendamente con este juego.

OBJETIVO DEL JUEGO:
ANTICIPARSE A LOS HECHOS

Sonidos divertidos

◆ Sienta a tu bebé en tu regazo cara a cara contigo.

◆ Haz muecas y sonidos divertidos con la boca:

Haz boca de pez y aprieta los labios hasta hacer un ruido que suene como un beso sonoro.
Saca la lengua, cúrvala hacia arriba y muévela rápidamente.
Abre la boca un poco y mueve la lengua hacia arriba y hacia abajo para hacer el sonido de un caballo al trote.

◆ Tu bebé acabará por reír cuando vea tus muecas y oiga estos sonidos. También es probable que intente imitarte.

◆ OBJETIVO DEL JUEGO:
APRENDER A IMITAR

Cabeza y hombros

◆ Pon a tu bebé boca arriba mientras juegas a este juego. Canta la siguiente letra al son de «La pastora».

*Cabeza y hombros tiene
mi tierno chiquitito,
rodillas y piecitos
calzados por zapatitos (bis).*

*Ojitos y orejitas
tiene mi chiquitito,
boquita y naricita
redondita y bonita (bis).*

*Yo quiero a mi bebé
aunque guerra me dé,
yo quiero a mi bebé,
de eso doy yo fe (bis).*

◆ Toca cada parte de su cuerpo cuando la menciones en la canción.

OBJETIVO DEL JUEGO:
CONOCER EL PROPIO CUERPO

El ratoncito

◆ Abre la mano de tu bebé y dibuja pequeños círculos en su palma con tu dedo índice.

◆ Mientras mueves tu dedo, di:

El ratoncito, muy juguetón, va dando muchas vueltas.
El ratoncito, muy coquetón, compra cintas sueltas.

◆ Sube tu dedo por su brazo y hazle cosquillas bajo la barbilla.

◆ Prueba este juego con los dedos de los pies del bebé. Cuando el ratoncito vaya a comprar cintas, coge una cinta que tengas, entrelázala en tus dedos y haz caminar tus dedos con la cinta por la pierna del bebé hasta llegar a su barriguita para hacerle cosquillas.

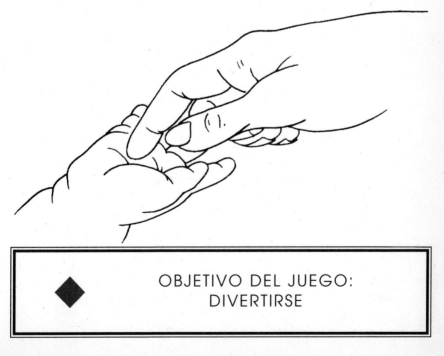

◆ OBJETIVO DEL JUEGO:
DIVERTIRSE

¿Dónde está el ratoncito?

◆ Coge a tu bebé en brazos y apoya su cabeza contra tu hombro.

◆ Recorre la espalda del bebé con tus dedos empezando desde la cintura hasta el hombro; hazle cosquillas bajo el cuello.

◆ Mientras subes tus dedos por su espalda, pregunta:

> *Ratoncito, ratoncito, ¿dónde se esconde el ratoncito?*

◆ Cuando llegues al hombro del bebé, y estés a punto de hacerle cosquillas bajo el cuello, di:

> *¡Aquí está el ratoncito, BUU!*

◆ Ahora gira al bebé y sosténlo en tu regazo. Juega el mismo juego empezando por su estómago.

◆ OBJETIVO DEL JUEGO: DIVERTIRSE

Juguemos con papel

◆ Reúne diferentes tipos de papel: papel para envolver regalos que tengas guardado, papel higiénico, papel de aluminio y otros que puedas tener en casa.

◆ Arruga uno de estos papeles en tu mano.

◆ Entrégale el mismo tipo de papel a tu hijo o hija para que pruebe a arrugarlo con su mano; ayúdale si hace falta.

◆ Escoge otro tipo para arrugarlo con tu mano.

◆ Dale este mismo tipo de papel a tu bebé para que lo arrugue.

◆ Haz una bola con este papel y tíralo dentro de una papelera.

◆ Alienta a tu bebé para que haga lo mismo con su trozo de papel.

◆ Disfrutará no sólo con la sonoridad de arrugar el papel, sino también con el acto de tirarlo a la papelera, además de reforzar su habilidad recientemente estrenada de soltar objetos.

**OBJETIVO DEL JUEGO:
DISTINGUIR LOS SONIDOS**

Juegos en el suelo

◆ Ponte en el suelo con tu bebé y gatea en círculos. Anima a tu bebé para que gatee contigo.

◆ Finge que eres un gato o un perro y ladra: «guau, guau», o gruñe «grrr», o maúlla «miau, miau».

◆ Coloca una o dos cestas grandes en el suelo (como las que se usan para poner la ropa sucia) o algo parecido que tengas por casa. Llénalas con los juguetes del bebé. Anímale a que vaya sacando los juguetes y devolviéndolos a la cesta.

◆ Cuando el bebé saque un juguete de la cesta, di el nombre del juguete: «camión», «muñeca», «pelota».

◆ **OBJETIVO DEL JUEGO:**
APRENDER A GATEAR

Mamá, papá

◆ A esta edad, los bebés empiezan a asociar el lenguaje con las personas y los objetos.

◆ Coloca fotografías grandes de mamá, papá y otros parientes cercanos que tu bebé conozca bien junto a su cuna para que las pueda ver bien. También las puedes poner al lado de su silla alta o del cambiador.

◆ Cuando tu bebé comience a hacer sonidos como «papa», señala la foto del papá, y dile: «Éste es papá».

◆ Señala las otras fotos en diferentes momentos y usa el nombre de la persona a quien señalas para indicarle en una frase: «Mamá te quiere mucho», «Hoy viene la abuelita», etc.

◆ OBJETIVO DEL JUEGO:
LAS APTITUDES LINGÜÍSTICAS

Papá, mamá y el tío Juan

◆ Siéntate en el suelo y sienta a tu bebé cara a cara delante de ti. Sosténlo suavemente pero con firmeza.

◆ Recítale este poema mientras le haces botar hacia arriba y hacia abajo.

Papá, mamá y el tío Juan
fueron en busca de un truhán
que les había robado su último flan.
Del caballo papá se cayó,
   (desliza al bebé hacia un lado)
del caballo mamá se cayó,
(desliza al bebé hacia el otro lado)
      pero el tío Juan sí que galopó,
      y galopó, y galopó,
      hasta que al final lo atrapó.

◆ **OBJETIVO DEL JUEGO:**
MANTENER EL EQUILIBRIO

Al mercado, al mercado

◆ Siéntate en una silla cómoda y sienta a tu bebé frente a ti sobre tus rodillas. Coge al bebé por la cintura hasta que sea lo suficientemente fuerte como para cogerse de tus manos. Recítale este divertido poema:

> *Al mercado, al mercado, para comprar un cerdito,*
> *de nuevo hacia casa, titi, birito.*
>
> *Al mercado, al mercado, para comprar un cerdote,*
> *de nuevo hacia casa, piri, porote.*
>
> *Al mercado, al mercado, a buscar al abuelo,*
> *de nuevo hacia casa, turi, tutuelo,*
> *pero, ¡ay!, el caballo rodó sobre el suelo.*

◆ Cada vez que digas «Al mercado, al mercado», levanta y baja las rodillas como si fueras un caballo que va al trote.

◆ Cuando digas «¡Ay!», estira tus piernas y desliza al bebé hasta el suelo.

OBJETIVO DEL JUEGO:
LA RELACIÓN DE APEGO

Tira de la cuerda

◆ Siéntate en el suelo al lado de tu bebé.

◆ Dale una punta de un calcetín largo mientras tú coges el otro extremo.

◆ Tira del calcetín hacia ti con suavidad.

◆ Enseña al bebé a tirar de la punta hacia sí.

◆ Estira y afloja meciéndote levemente hacia delante y hacia atrás mientras le dices:

> *En este juego yo tiro y tú tiras,*
> *tira fuerte mientras me miras, pero no te rías.*

◆ Finge que tu bebé es tan fuerte que ha tirado de ti hacia él o ella.

OBJETIVO DEL JUEGO:
APRENDER A COLABORAR

El juego de las cosas flotantes

◆ Reúne cosas livianas como pañuelos, cintas de gasa, una hoja de papel, una pluma de una almohada y otros artículos que, una vez que se les suelta, flotan en el aire lentamente hasta llegar al suelo.

◆ Siéntate en el suelo con tu bebé.

◆ Lanza el primer artículo al aire. Los pañuelos son los más adecuados para empezar esta ronda. Mientras va flotando hacia el suelo, extiende tus brazos para atraparlo.

◆ Vuelve a lanzar el pañuelo al aire y dile al bebé que lo atrape. Extiende sus brazos para que el pañuelo caiga encima de ellos.

◆ Continúa jugando con los diferentes artículos que escogiste. Verás como tu bebé muy pronto intenta cogerlos por su propia cuenta.

◆ OBJETIVO DEL JUEGO:
LA COORDINACIÓN ÓCULO-MANUAL

¿Dónde están las manos del bebé?

◆ Juega a hacer palmitas con tu bebé.

◆ Siéntate en el suelo con él frente a ti.

◆ Coloca una manta pequeña sobre tu regazo y recita este poema mientras bates las palmas del bebé.

> *Bate palmas,*
> *uno, dos, tres,*
> *pronto jugaremos*
> *con las manos al revés.*
> *Ahora tus manos*
> *han desaparecido,*
> *encuéntralas ya, que si no,*
> *no es divertido.*

◆ Cuando digas «Ahora tus manos han desaparecido», coloca las manos del bebé debajo de la manta.

◆ En el momento en que digas «Encuéntralas ya, que si no, no es divertido», saca las manos del bebé de debajo de la manta.

◆ El juego es más divertido si se hace una pequeña pausa antes de decir la última frase; así parece toda una sorpresa encontrarlas.

OBJETIVO DEL JUEGO:
LA COORDINACIÓN

A soplar

◆ Coge un cordón de hilo de algodón fuerte y entrelázalo para colgarlo entre los respaldos de dos sillas.

◆ Dobla un papel de seda grande de algún color alegre sobre el cordón para hacer la función de «pared».

◆ Ahora corta el papel de seda en tiras verticales para que el «lobo» pueda soplar para entrar en la casa.

◆ Cuéntale a tu bebé el cuento de «Los tres cerditos».

◆ Cuando llegues a la parte en la que el lobo «soplaba y soplaba», anima a tu hijo o hija para que imite la parte del lobo.

◆ OBJETIVO DEL JUEGO:
LAS APTITUDES LINGÜÍSTICAS

Sombreros, sombreros, sombreros

◆ Escoge tres sombreros que sean muy diferentes de aspecto. Ponte uno de los sombreros sobre la cabeza y di alguna frase tontorrona y divertida como «Hola, colorín, colorado».

◆ Pon el sombrero sobre la cabeza de tu hijo o hija y repite la misma frase.

◆ Con cada sombrero repite este juego, cambiando la entonación según el sombrero que te pongas.

◆ Dale el sombrero a tu bebé y deja que intente ponérselo sin tu ayuda.

◆ Este juego es muy apto para enseñar al bebé más cosas sobre su cuerpo.

◆ Si se mira en el espejo con el sombrero en la cabeza seguramente se lo pasará en grande.

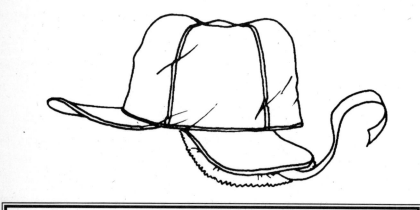

◆ OBJETIVO DEL JUEGO:
LAS APTITUDES LINGÜÍSTICAS

¿Dónde está la música?

◆ Este juego se puede llevar a cabo tanto en el interior de la casa como afuera. Necesitarás un muñeco con música incorporada o una cajita de música.

◆ Da cuerda a la cajita o al muñeco y escóndelo en la habitación o muy cerca de un banco o arbusto en el parque o en tu jardín.

◆ Pregúntale al bebé: «¿Dónde está la música? Vamos a encontrar la música».

◆ Gatea con tu bebé a algún sitio cercano en la habitación o en el jardín (en casa podría ser una mesa, y en el jardín una maceta). Pregunta al bebé: «¿Está aquí?». Ahora mira detenidamente para que te vaya observando, y responde: «No, no está aquí».

◆ Repite el juego. A la tercera vez, acércate al escondite, mira afanosamente, y grita con júbilo: «¡Yupi, lo hemos encontrado!».

◆ Vuelve a esconder la cajita de música o el muñeco en el mismo sitio y repite el juego. Es conveniente no abandonar el juego hasta que el bebé sepa dónde tiene que ir para encontrar la música.

◆ La próxima vez prueba un sitio nuevo y observa para ver si tu bebé logra encontrar la música por su cuenta.

 OBJETIVO DEL JUEGO:
LAS APTITUDES AUDITIVAS

Cópiame

◆ Siéntate en el suelo con tu bebé y hazle gestos para que te copie.

> *Toca el suelo con los nudillos.*
> *Saca la lengua y haz sonidos divertidos.*
> *Pon una mano sobre tu cabeza.*
> *Abre y cierra los puños.*
> *Mueve tus dedos.*
> *Agita las manos.*
> *Di que sí y que no con la cabeza.*
> *Di adiós con la mano.*
> *Haz sonidos divertidos con la boca.*
> *Menea tu dedo índice sobre tus labios rápidamente.*

◆ Estas ideas son sólo sugerencias, lo importante es que hables a tu bebé al llevar a cabo estos gestos.

OBJETIVO DEL JUEGO:
LAS APTITUDES AUDITIVAS

Patea y para

◆ Juega a este juego con tu bebé mientras está tendido boca arriba.

◆ Mueve las piernas del bebé hacia delante y hacia atrás mientras le recitas estas líneas; acuérdate de moverlas según las indicaciones de la letra de esta rima:

> *Patea y patea y patea y* PARA.
> *Patea y patea y patea y* PARA.
> *Patea rápido,*
> *patea despacio,*
> *patea y patea y patea y* PARA.

◆ Este juego es una magnífica manera de aprender palabras, desarrollar la capacidad de escuchar y prestar atención, y ejercitar los músculos, todo al mismo tiempo.

OBJETIVO DEL JUEGO:
LAS APTITUDES AUDITIVAS

Atraviesa el túnel

◆ Coge una caja de cartón grande y córtale dos de los laterales opuestos.

◆ Gira la caja boca abajo para que queden los dos laterales abiertos enfrente del bebé; ahora anímale a que atraviese el túnel a gatas.

◆ Coloca un juguete ante una de las aberturas de la caja y pon al bebé ante la otra. Anímale a que atraviese el túnel para coger el juguete. Cuando haya conseguido hacerlo una vez, querrá repetir el juego sin parar.

◆ Recita este poema mientras tu bebé gatea hacia el otro lado del túnel:

El túnel, túnel atravesarás,
y hola, ¿cómo vamos?, me dirás,
¿qué tal estás?

◆ OBJETIVO DEL JUEGO:
APRENDER A GATEAR

Juguemos con pelotas

◆ Hay un montón de cosas que se pueden hacer con pelotas.

◆ Deja que tu bebé explore pelotas de diferentes tamaños y texturas.

◆ Enséñale a empujar una pelota al mismo tiempo que gatea.

◆ Haz rodar una pelota hacia donde está sentado tu bebé.

◆ Ayúdale para que haga rodar la pelota hacia ti de nuevo.

◆ Enséñale a sostener una pelota en el aire y después soltarla.

◆ Muestra al bebé cómo bota una pelota. Cuando hagas la demostración, di: «Bota, pelota, bota».

 OBJETIVO DEL JUEGO:
JUGAR A LA PELOTA

A por el juguete

◆ Ata un cordón bastante largo a un juguete lo suficientemente pequeño como para que pase a través de un rollo vacío de papel higiénico o papel de cocina. Los más indicados para este juego son los cochecitos, pues sus ruedas les permiten moverse fácilmente. CUIDADO: Sólo usa juguetes suficientemente grandes para que el niño o la niña no se los pueda meter en la boca y tragárselos.

◆ El cordón debería ser bastante más largo que el rollo.

◆ Ahora mete el juguete hasta el fondo del rollo y después tira de él hacia fuera con la ayuda del cordón.

◆ Vuelve a esconder el juguete dentro del rollo, y esta vez sácalo inclinando el tubo para que caiga hacia delante y tirando del juguete.

◆ Tu bebé disfrutará mucho con el misterio del juguete que desaparece y aparece. Cuando el juguete desaparezca, di: «Adiós, juguete».

◆ Cuando aparezca de nuevo, di: «Hola, juguete».

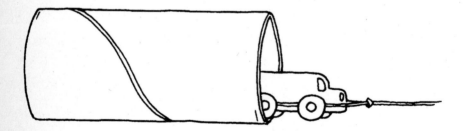

OBJETIVO DEL JUEGO:
LA COORDINACIÓN ÓCULO-MANUAL

El juego de boca abajo

◆ Coge uno de los muñecos favoritos de tu bebé y gíralo para que quede boca abajo.

◆ Ahora gíralo de nuevo hasta que esté boca arriba.

◆ Vuelve a poner el muñeco boca abajo. Dáselo a tu bebé para ver si es capaz de girarlo de nuevo para que quede boca arriba.

◆ Recita este poema. Cuando llegues a la última línea ¡BOCA ARRI-BA! gira el muñeco boca arriba.

Boca abajo, boca abajo,
todo el mundo
está boca abajo.
Ahora prepárate,
que vamos a girar,
para volverte a colocar
¡BOCA ARRIBA!

◆ OBJETIVO DEL JUEGO:
SEGUIR INSTRUCCIONES

Hagamos tonterías

◆ Es un placer contemplar a los bebé cuando ríen y resulta fascinante descubrir qué es lo que les hace reír.

◆ Haz tonterías con tu bebé, intentando que participe contigo en este juego. Aquí te sugerimos unas cuantas ideas.

Coge uno de los muñecos más queridos de tu bebé y háblale con el balbuceo típico de los bebés.

Finge que estás bebiendo del biberón del bebé.

Construye una torre con bloques y después desequilíbrala para que caiga. Cuando la derrumbes, di: «oh, oh».

Despéinate, frota tus manos contra el pelo y haz sonidos divertidos mientras lo haces.

Pasa tus dedos por el brazo del bebé y di: «Te voy a hacer cosquillitas, cosquillitas».

◆ Observa qué cosas le han hecho reír y piensa en otras que puedes hacer para divertirle.

**OBJETIVO DEL JUEGO:
EL SENTIDO DEL HUMOR**

En el cielo

◆ Siéntate en el suelo con tu bebé. Levanta sus brazos hasta que queden horizontales a sus costados.

◆ Sube y baja sus brazos como si estuviera aleteando de verdad y dile que es un pájaro.

◆ Aletea con los brazos y di: «Pío, pío, pío, pío, soy un pajarillo».

◆ Aletea con los brazos de tu bebé y vuelve a decir lo mismo.

◆ Ponte de pie sosteniendo a tu bebé en brazos. Estira un brazo hacia arriba y finge que eres un avión. Haz sonidos de avión como «zuuum».

◆ Ve afuera, al parque o a tu jardín, y busca pájaros y aviones. Dependiendo de lo que veas, aletea tus brazos y di «Pío, pío» o haz ruidos de avión.

◆ OBJETIVO DEL JUEGO:
LA CREATIVIDAD

Tira del juguete

◆ Los bebés siempre tienen juguetes y envases o cajas que les gustan más que otras cosas que tengan para jugar.

◆ Reúne algunos de estos juguetes y envases favoritos y ata una cuerda a ellos para crear un juguete de arrastre que ella o él pueda tirar.

◆ Comienza con dos o tres objetos, que podrían ser una cajita de cartón y un muñeco de peluche.

◆ Enseña a tu bebé cómo tiene que tirar del juguete de arrastre y canta esta cancioncilla al son de «El farolero».

Tira del juguete por el suelo así,
ahora prueba a arrastrarlo hacia ti.
Mira, tu juguete se va hacia allí,
Prueba ahora a tirar de él hacia mí.

◆ Pregúntale a tu bebé si quiere añadir más juguetes al cordón para arrastrarlos. Seguramente irá a coger unos cuantos más.

OBJETIVO DEL JUEGO:
LA CREATIVIDAD

Un juego pegajoso

◆ Pega con celo un trozo grande de papel transparente adhesivo al suelo con la parte pegajosa hacia arriba.

◆ Coloca algunos de los juguetes del bebé sobre la cara pegajosa.

◆ Pide a tu bebé que despegue los juguetes de esta superficie. Se sorprenderá al ver lo difícil que le resulta hacerlo y sentirá orgullo cuando lo consiga.

◆ Sujeta las manos del bebé mientras camina sobre la superficie pegajosa. Tendrá que doblar las rodillas y estirar las piernas hacia arriba para despegarse. Para que no se frustre, anímale a cada paso.

◆ OBJETIVO DEL JUEGO:
LA CONFIANZA EN UNO MISMO

El juego de la cartulina

◆ Coge los coches de juguete y otros objetos con ruedas que tenga tu bebé y sepáralos.

◆ Dobla una cartulina grande por la mitad.

◆ Coloca la cartulina en el suelo de manera que las dos caras de la cartulina doblada queden abiertas hacia abajo para utilizar la superficie como si fuera una colina por la que bajan los coches.

◆ Enseña al bebé cómo hacer que un coche ruede hacia abajo por la colina de cartulina.

◆ Sostén un coche u otro juguete con ruedas en tu mano y di: «A la una, a las dos y a las tres: ¡zum!». Suelta el coche para que baje por la colina.

◆ Intenta que tu bebé aprenda a esperar hasta que digas «zum» antes de soltar el coche que tenga en sus manos.

OBJETIVO DEL JUEGO:
DIVERTIRSE

La mamá túnel

◆ Ponte de pie con las piernas lo suficientemente separadas como para que tu hijo o hija pueda pasar a través de ellas.

◆ Sostén a tu bebé por debajo de sus brazos y balancéalo hacia delante y hacia atrás por entre tus piernas.

◆ Una vez que hayas hecho esto algunas veces, observa si gatea o camina por entre tus piernas sin que le ayudes.

◆ Cuando veas que tu bebé se decide a pasar por entre tus piernas, di: «Aquí viene el trenecito para atravesar el tunelcito. Chu-chu, chu-chu».

◆ Cuando consiga cruzar el «túnel», elógiale como si fuese una gran hazaña.

◆ Ahora dale un juguete que pueda empujar y observa a ver si atraviesa el túnel con él. Juega a este juego con tu bebé un buen rato, y verás como se divierte cuando entienda de qué se trata y comience a participar sin ayuda.

OBJETIVO DEL JUEGO:
LA IMAGINACIÓN

El juego del trampolín

◆ Tiéndete en el suelo boca arriba y dobla las rodillas hacia tu estómago. Cruza los pies entrelazando los tobillos.

◆ Sienta a tu bebé encima de tus piernas (más o menos en las espinillas) sosteniéndole por debajo de los brazos, y sube y baja tus piernas ligeramente.

◆ Mueve las piernas más rápido o más despacio según indique este poema:

> *Bota arriba y abajo, chiquitín (chiquitina),*
> *bota, bota sobre el trampolín (la trampolina),*
> *bota rápido,*
> *bota despacio,*
> *bota, bota, bota, ¡BUM!*

◆ Cuando digas «BUM», alza al bebé hacia tu pecho y dale un fuerte abrazo.

◆ OBJETIVO DEL JUEGO:
MANTENER EL EQUILIBRIO

Juegos artísticos y musicales

¿Qué puedo mirar?

◆ Cada vez que cambias a tu bebé de entorno le estás dando una oportunidad para que observe cosas nuevas para ella o él. Es importante que lo que le rodea vaya variando para desarrollar su curiosidad y su capacidad de reconocer su entorno habitual.

◆ Sostén a tu bebé en brazos con su cabeza por encima de tu hombro para que pueda mirar a su alrededor. Camina por la habitación y detente cada vez que veas un objeto con una forma o color que le pueda resultar atractivo.

◆ Deja que tu bebé mire detenidamente este objeto durante unos minutos. Invéntate una cancioncilla con una melodía que se te ocurra para que tu bebé sienta que esta actividad de mirar es una experiencia agradable.

> *Mi bebé con sus ojos de lucero, ea, ea,*
> *no se cansa de mirar lo que le rodea.*
> *Mira, cielo mío, con tus ojos bonitos.*
> *Mira hasta cansarte y cerrar los ojitos.*

◆ Cuando pongas a tu bebé de nuevo en su cuna, intenta que haya algún objeto interesante que pueda ir mirando mientras está despierto.

OBJETIVO DEL JUEGO:
LA CAPACIDAD DE EXPLORAR

Agudo y grave

◆ Una de las capacidades más desarrolladas en los recién nacidos es la de responder al sonido y diferenciar entre los sonidos agudos y graves.

◆ Con el bebé en tus brazos, prueba a repetir su nombre en un tono suave y agudo. Un ejemplo posible sería: «Ana, Anita, te quiero».

◆ Ahora, mientras arrullas a tu bebé, repite la misma frase, pero esta vez en un tono grave.

◆ Ve cambiando el tono de agudo a grave con la misma frase unas cuantas veces y observa su reacción.

OBJETIVO DEL JUEGO:
DISTINGUIR LOS SONIDOS

Blanco y negro

◆ Los bebés son capaces de distinguir formas una semana después de haber nacido. Los colores y las formas más contrastadas son lo que más les llama la atención.

◆ Coge una cartulina blanca grande y córtala en trozos de unos 20 × 25 cm. En cada uno de los trozos, dibuja formas con un rotulador negro de punta gruesa.

◆ También puedes recortar imágenes de revistas y pegarlas con celo a la cartulina.

◆ Coloca las imágenes y figuras alrededor de la cuna para que tu bebé las pueda ir mirando.

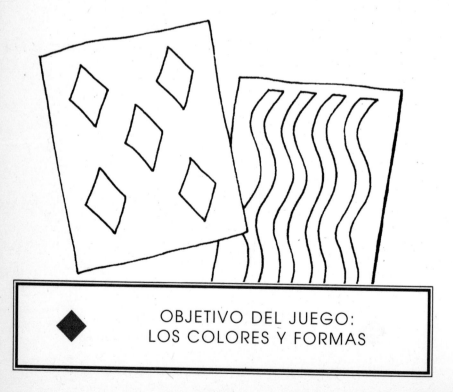

◆ OBJETIVO DEL JUEGO:
LOS COLORES Y FORMAS

El paraguas móvil

◆ Coloca un paraguas boca abajo a los pies de la cuna del bebé donde no lo pueda alcanzar.

◆ Ata pelotas de colores vivos, cascabeles y pequeños juguetes a cada una de las puntas de las varillas del paraguas. CUIDADO: Asegúrate de que tu bebé no pueda alcanzar con sus manos o pies ninguno de los objetos colgantes. Si usas un paraguas para niños (de los que tienen las puntas de las varillas recubiertas con plástico) tendrás mayor seguridad de que no le pueda pasar nada a tu bebé.

◆ Ponte al pie de la cuna y habla con tu bebé. Seguirá tu voz con la cabeza.

◆ Una vez que hayas conseguido su atención, mueve suavemente el móvil para animarle a mirar las formas y colores.

◆ Cuando hayas repetido esta actividad varias veces, verás que tu bebé mira el móvil por su cuenta.

OBJETIVO DEL JUEGO:
LOS COLORES Y FORMAS

Arre, caballito

◆ Sienta a tu bebé en tu regazo y haz que bote suavemente mientras le repites este poema tradicional.

Arre, caballito,	*Arre, caballito,*
vamos a Belén,	*arre, burro, arre,*
que mañana es fiesta	*arre, caballito,*
y al otro también.	*que llegamos tarde.*

◆ Continúa con un ritmo suave, pero cuando llegues a «tarde», dale un poco de impulso para que se eleve un poco en el aire.

◆ Si dices la última línea un poco más despacio y haces una pequeña pausa antes de decir «tarde», el juego será aún más divertido.

◆ Ya verás como tu bebé pronto aguardará la palabra «tarde» y esperará a que la digas con el cuerpo tenso y con cara de entusiasmo.

 OBJETIVO DEL JUEGO:
LAS APTITUDES AUDITIVAS

160

Canta, canta y canta

◆ Cántale a tu bebé siempre que tengas ocasión de hacerlo; invéntate la letra y la melodía de tus canciones para contarle cosas sobre objetos de su habitación, viajes en coche o la limpieza del hogar. Cualquier sitio donde estés y cualquier actividad que estés realizando se puede convertir en una canción.

◆ Aquí tienes unos ejemplos de letra muy simple que se pueden acoplar a la melodía de «Arroyo claro».

Mi bebé tiene	*Al baño a lavar*
un ángel guardián	*esa carita*
que no le quita el ojo	*que está toda risueña*
ni cuando duerme.	*aunque muy sucia.*
Voy a preparar	*Bebé, duérmete,*
la comidita	*que mamá (papá) debe*
para que mi bebé	*limpiar los cacharros*
no pase sin comer.	*donde ha hecho el puré.*

◆ Te habrás fijado que las palabras no riman; no es necesario que lo hagan. Lo importante es que al cantar sobre lo que estás haciendo comuniques a tu bebé un estado de bienestar general y que tu bebé sienta que compartes alguna actividad con él o ella aunque estés trabajando.

**OBJETIVO DEL JUEGO:
LAS APTITUDES LINGÜÍSTICAS**

Este cerdito

◆ A los bebés les encanta jugar con los dedos de sus manos y sus pies. Toca cada dedo de la mano o el pie cuando recites este poema:

> *Este cerdito bailó una alegre jota,*
> *y este cerdito comió.*
> *Este cerdito se calzó sólo una bota,*
> *y este cerdito durmió.*
> *Y este cerdito siempre dio la nota*
> *porque este cerdito nunca creció.*

◆ Cuando llegues a «... siempre dio la nota», recita más lentamente para crear suspense. Recita la última línea más deprisa que todas las anteriores.

◆ Al decir «nota» y hacer una pausa, puedes hacer cosquillas al bebé, ponerte de pie y bailar con él o ella en brazos o sacudir suavemente su mano o pie.

◆ Otra posibilidad es decir «nota» con voces diferentes: con voz aguda, grave, triste, contenta o lo que se te ocurra.

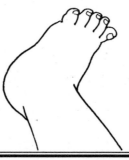

◆ OBJETIVO DEL JUEGO:
LA RELACIÓN DE APEGO

¿Duermes tú?

◆ Una buena canción para jugar a esconder la cara es la siguiente, que está adaptada de la canción popular francesa «Frère Jacques» (conocida aquí como «Fray Santiago»).

> *¿Duermes tú, duermes tú,*
> *pequeño (pequeña) (el nombre de tu bebé)?*
> *Despiértate ahora, despiértate ahora,*
> *Din, don, dan, din, don, dan.*

◆ Tiende a tu bebé en tu cama y tápate los ojos con las manos cuando digas las palabras «¿duermes tú?».

◆ Canta la segunda línea utilizando el nombre de tu bebé. Quítate las manos de encima de los ojos.

◆ Cuando digas las palabras «despiértate ahora», coge las manos del bebé entre las tuyas y tira de él o ella con suavidad hacia ti.

◆ Mueve las manos del bebé hacia arriba y hacia abajo como si estuvieras tocando una campana cuando digas «din, don, dan».

◆ Otra forma de cantar la canción es poner las manos del bebé sobre sus ojos para tenerlos tapados cuando le preguntes «¿dónde estas, dónde estás?». El segundo verso sería «Aquí estoy, aquí estoy». El resto de la canción se quedaría igual, aunque puedes crear las variantes que quieras para que el juego resulte divertido.

OBJETIVO DEL JUEGO:
LA RELACIÓN DE APEGO

¿Dónde está Pulgarcito?

◆ A los bebés les encanta este juego popular en el que se menciona y toca cada dedo.

Pulgarcito, pulgarcito, ¿dónde estás?
  Aquí estoy.
Gusto en saludarte (bis), ya me voy.
El de indicar, el de indicar, ¿dónde estás?
  Aquí estoy.
Gusto en saludarte (bis), ya me voy.
Corazón, corazón, ¿dónde estás?
  Aquí estoy.
Gusto en saludarte (bis), ya me voy.

Anular, anular, ¿dónde estás?
  Aquí estoy.
Gusto en saludarte (bis), ya me voy.
El meñique, el meñique, ¿dónde estás?
  Aquí estoy.
Gusto en saludarte (bis), ya me voy.
La familia, la familia, ¿dónde estáis?
  Aquí estamos.
Gusto en saludaros (bis), ya me voy.

◆ Empieza a recitar la letra de este juego con ambas manos detrás de la espalda. Cuando preguntes «¿dónde estás?» saca una mano a la vista y dobla el pulgar. Al contestar «aquí estoy», saca la otra mano de detrás de la espalda y mantén el puño cerrado con la excepción del pulgar, que doblas en respuesta.

◆ Al decir «gusto en saludarte», saluda con un pulgar al otro pulgar doblándolo. Cuando digas «ya me voy», esconde primero una mano y después la otra.

◆ Empieza el segundo verso con ambas manos de nuevo detrás de la espalda y repite las mismas acciones para el dedo índice, el corazón, el anular y el meñique. Cuando llegues a la «familia», que quiere decir los cinco dedos, muévelos todos a la vez según lo que toque hacer.

◆ Prueba a mover los dedos de la mano de tu bebé mientras le recitas estos versos populares. Se reirá con ganas.

◆ OBJETIVO DEL JUEGO:
LA DESTREZA

Juega a gatas

◆ Ponte en el suelo con tu bebé.

◆ Empieza a gatear y ladra como un perro.

◆ Di a tu bebé que haga lo mismo. Si puede gatear, gatea a su lado, y sigue ladrando como un perro.

◆ A los bebés les divierte mucho este juego y verás que tu bebé intentará muy pronto ladrar como tú.

◆ Ahora invéntate una melodía para decirle: «Gatea, gatea, gatea, ¡PUMBA!».

◆ Cuando digas la palabra «pumba», déjate caer de bruces sobre el suelo y ríe.

◆ Acércate a tu bebé mientras repites las mismas palabras. Cuando digas la palabra «pumba», coge a tu bebé y dale un abrazo muy fuerte.

◆ OBJETIVO DEL JUEGO:
DIVERTIRSE

El juego bailado

◆ Ata una cinta bonita a una muñeca de trapo; cada uno de los extremos de la cinta debería ir atado a un brazo de la muñeca de tal manera que cuando se tira de la cinta entre los dos brazos de la muñeca, ésta se mueva con bastante equilibrio.

◆ Enseña a tu bebé a sostener y tirar de la cinta para hacer que la muñeca bailotee.

◆ Mientras haces bailar a la muñeca, prueba a balancearla de un lado al otro, hacia delante y hacia atrás, y arriba y abajo, para que tu bebé observe todas las direcciones en las que un objeto se puede mover.

◆ Recita este poema mientras mueves la muñeca:

> *Baila, muñequita, al son de este paso,*
> *baila, muñequita, con tus prendas de raso.*
> *Arriba y abajo saltas con esmero,*
> *en todas direcciones te mueves con salero.*
> *Baila, muñequita, baila sin descansar,*
> *baila, muñequita, sin querer parar.*

◆ Tu bebé se divertirá mucho con este juego y al cabo de un rato querrá intentar hacer que la muñeca baile tirando de la cinta sin que tú le ayudes.

 OBJETIVO DEL JUEGO:
DIVERTIRSE

Los cinco deditos

◆ Recita las rimas de este juego popular para jugar con los deditos de tu bebé. Verás como después de oírlo unas cuantas veces, el bebé comenzará a adivinar qué dedo le tocarás.

Éste fue por leña, éste le ayudó,
éste se encontró un huevo, éste lo frió,
éste, que es un tragón, entero lo comió.
Que le den, que le den, con el rabo de la sartén.

Éste se compró un huevito,
éste lo puso a asar,
éste le echó sal, éste lo removió,
¡y este pícaro se lo comió!

Aquí puso la pajarita el huevo.
Éste lo vio, éste lo cogió,
éste lo salpimentó, éste lo frió,
y este periquillo todito se lo comió.

◆ OBJETIVO DEL JUEGO:
DIVERTIRSE

El balancín

◆ Sienta a tu bebé en tu regazo de tal manera que quedéis cara a cara.

◆ Mécete hacia delante y hacia atrás mientras recitas este poema:

> *El balancín, el balancín,*
> *se mece para delante y para atrás;*
> *mientras yo me alejo, tú te acercarás.*
> *El balancín, el balancín,*
> *se balancea arriba, se balancea abajo,*
> *mientras tú a las nubes subes, yo a la tierra bajo.*
>   (Alza a tu bebé hacia arriba.)
> *El balancín, el balancín,*
> *dame un abrazo, chiquilín.*
>   (Abraza al bebé.)

◆ Prueba a sostener las manos de tu bebé mientras os «balanceáis».

◆ Para jugar al balancín, es mejor sentarse en el suelo con el bebé encima de ti.

OBJETIVO DEL JUEGO:
DIVERTIRSE

Vamos a dar palmitas

◆ Junta las manos del bebé para dar palmitas.

◆ Mientras bates palmas, di:

> *Palmas, palmitas,*
> *bate las manitas.*
> *Al ritmo de este compás*
> *con las manos en mi regazo acabarás.*
> (Pon sus manos en tu regazo.)
>
> *Bate palmas hacia el cielo,*
> *bate palmas sobre tu pelo.*
> *Al ritmo de este compás,*
> *tus tiernas manitas batirás.*

◆ Mientras cantas esta sencilla canción, mueve las manos del bebé según las instrucciones de la letra.

◆ Cántale cualquier canción que le resulte familiar y que tenga un ritmo marcado mientras continúas batiendo palmas.

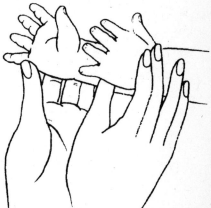

◆ OBJETIVO DEL JUEGO:
EL SENTIDO DEL RITMO

Hagamos música

◆ Coge un molde de aluminio para tartas y una cuchara. Golpéalo con la cuchara unas cuantas veces.

◆ Dale el molde y la cuchara al bebé y ayúdale a que golpee el molde con la cuchara.

◆ Mientras tu bebé va aporreando las dos cosas, canta una canción que le guste como «Cu-cú, cantaba la rana» o «La gallina ponicana».

◆ Intenta batir tus palmas y cantar siguiendo el ritmo del bebé que va golpeando el molde.

◆ A los bebés les gusta mucho este juego porque es una oportunidad para hacer ruido, y verás que tu hija o hijo se pondrá a jugar a este juego por su cuenta.

◆ OBJETIVO DEL JUEGO:
EL SENTIDO DEL RITMO

Escuchemos música

◆ La música es un estímulo estupendo, pero también puede funcionar como algo relajante; depende de las circunstancias.

◆ Pon música de diferentes tipos para que la escuche tu bebé.

◆ Coge al bebé en brazos y baila por la sala cuando pongas música rápida o con mucho ritmo.

◆ Mece al bebé suavemente cuando pongas música suave y lenta.

◆ Cuando pongas música de marcha, camina con tu bebé por la casa.

◆ Si la música es alegre y tiene mucha percusión, mueve al bebé en tu regazo siguiendo el ritmo.

OBJETIVO DEL JUEGO:
DISTINGUIR LOS SONIDOS

La granja

◆ Compra unos animales de plástico lo suficientemente grandes como para que tu bebé no se los pueda meter en la boca.

◆ Coge cada uno de los animales por separado en la palma de tu mano. Dile el nombre del animal al bebé y después imita el sonido característico que cada uno hace.

◆ Entrégale cada animal una vez que lo hayas nombrado y deja que lo toque y juegue con él. Mientras tu bebé lo tiene en sus manos, repite su nombre y el sonido que hace.

◆ Cántale la canción «En la granja de mi tío».

◆ Anima a tu bebé a hacer los sonidos de cada animal.

◆ OBJETIVO DEL JUEGO:
LAS APTITUDES LINGÜÍSTICAS

Uno, dos, uno, dos

◆ Pon música instrumental para que la escuche tu bebé. Mientras esté sonando una pieza, puedes coger al bebé y bailar con él o ella girando por toda la habitación.

◆ Enseña al bebé a moverse de diferentes maneras según la música que esté oyendo. Puedes batir palmas, golpear el suelo con los pies o taconear, mover los brazos o hacer cualquier otro movimiento que se te ocurra y que él o ella pueda imitar sin mayor problema.

◆ Pon música vocal para que la escuche el bebé. Canta «la, la, la», y anima a tu hijo o hija para que te imite. Escoge una palabra concreta de una canción y cántasela a tu bebé cada vez que salga en la canción.

◆ Te sorprenderá ver lo rápidamente que tu bebé comenzará a esperar la palabra que tú cantas cuando oye la canción.

◆ Toca música fuerte, música suave, música tranquila y música agitada; experimenta con piezas que mezclen los sonidos agudos y graves.

**OBJETIVO DEL JUEGO:
LAS APTITUDES AUDITIVAS**

Las mañanitas

◆ Los bebés normalmente se despiertan con mucha ilusión y ganas de seguir descubriendo mundo, y para fomentar esta actitud positiva vale la pena despertar a tu bebé con una estrofa de la famosa canción «Las mañanitas».

Despierta, mi bien, despierta,
mira que ya amaneció,
ya los pajaritos cantan,
la luna ya se metió.

◆ Si lo prefieres, sustituye «mi bien» por el nombre de tu bebé.

◆ Si tu bebé está echado en la cuna, mientras le cantas cógele las manitas y ayúdale a incorporarse hasta que esté sentado.

◆ Si estás con tu bebé en brazos le puedes mecer suavemente mientras le cantas.

OBJETIVO DEL JUEGO:
CREAR UNA RUTINA MATUTINA

Sanco Panco

◆ Sienta a tu bebé en tu regazo mirando hacia ti.

◆ Mientras le sujetas por las manos, mueve tus piernas arriba y abajo al tiempo que le recitas estos divertidos versos de *Alicia a través del espejo,* de Lewis Carroll:

> *Tronaba Sanco Panco desde su alto muro*
> *mas cayóse un día ¡y sufrió un gran apuro!*

◆ Cuando digas la palabra «cayóse», abre las piernas y deja que tu bebé caiga suavemente hasta tocar el suelo sin soltarle las manos. Cuando toque el suelo, di BUM.

◆ Pregúntale al bebé si quiere volver a jugar. Ya verás como le encanta este juego y pide repetirlo una y otra vez.

OBJETIVO DEL JUEGO:
DIVERTIRSE

Juegos con dos tubos

◆ Finge que el tubo o rollo del papel higiénico o del papel de cocina es un micrófono.

◆ Sosténlo delante de tu boca como si estuvieras cantando con él; interpreta una canción que le guste a tu bebé.

◆ En vez de cantar a través del tubo, haz sonidos o balbucea como lo suele hacer tu bebé. También puedes usarlo para anunciar cosas que piensas hacer: «Ahora toca jugar», «es hora de comer» o cualquier otra cosa que se te ocurra.

◆ Corta dos agujeros en una caja de cartón de zapatos. Los agujeros deberían tener las dimensiones de los rollos que estás usando.

◆ El bebé se lo pasará muy bien encajando los tubos en los agujeros y volviendo a sacarlos.

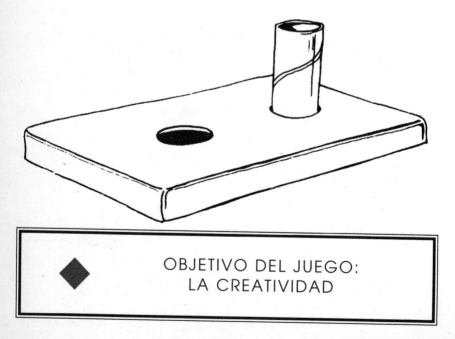

OBJETIVO DEL JUEGO:
LA CREATIVIDAD

Cantar es divertido

◆ Escoge las tres canciones favoritas de tu bebé para cantárselas.

◆ Bate palmas para seguir el ritmo de una de las canciones que le cantes.

◆ Sienta al bebé en tu regazo y vuelve a cantar la misma canción, pero esta vez ayúdalo para que sea ella o él quien bata palmas.

◆ Escoge una segunda canción, y mientras cantas, agita unos cascabeles al son de la música. Si no tienes una campanita ni cascabeles, puedes probar con un sonajero.

◆ Vuelve a cantar esta segunda canción, y deja que esta vez sea tu bebé quien agite los cascabeles.

◆ Cuando cantes la tercera canción, golpea una cuchara de madera contra una cacerola de metal.

◆ Repite la tercera canción, dejando que sea tu bebé quien golpee la cuchara contra el cacharro.

◆ Verás como querrá jugar a este juego una y otra vez.

OBJETIVO DEL JUEGO:
EL SENTIDO DEL RITMO

El cocherito leré

◆ Sienta al bebé en tu regazo mirando hacia ti.

◆ Cántale la conocida canción de comba «El cocherito leré» mientras le sujetas de las manos y lo meces suavemente.

El cocherito leré,
me dijo anoche leré,
que si quería leré,
montar en coche leré,
y yo le dije leré,
con gran salero leré,
no quiero coche leré,
que me mareo leré.

El nombre de María
que cinco letras tiene,
la m, *la* a, *la* r, *la* i, *la* a,
MARÍA.

◆ Cada vez que digas «leré», haz que tu bebé bote ligeramente.

◆ Al decir las letras, mece a tu bebé hacia los lados, y cuando cantes «María», alza sus manitas en el aire y bájalas poco a poco.

◆ Cuando hayáis jugado a este juego varias veces, tu bebé comenzará a botar por su cuenta cuando oiga «leré», y alzará sus manos en el aire al escuchar «María».

OBJETIVO DEL JUEGO:
LA COORDINACIÓN

Juegos con los dedos de las manos y los pies

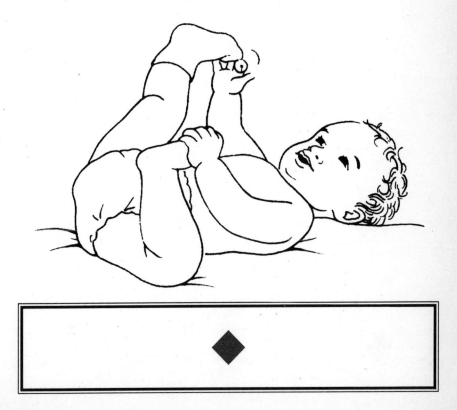

Juegos sobre el césped

◆ Si hace un día soleado, aprovecha y sal afuera, al parque o a tu jardín. Llévate una manta grande para extenderla y sentarte encima con tu bebé.

◆ Coge una brizna de hierba y acaricia el brazo del bebé con ella.

◆ Coloca al bebé boca abajo sobre su estómago y pon su mano sobre la hierba. Mueve su manita por el césped para que sienta su textura. Si el césped es muy áspero, no lo pongas directamente sobre él hasta que el bebé esté acostumbrado a su tacto.

◆ Seguramente intentará asir el césped; quizás lo use para agarrarse a algo mientras se da impulso para girarse de costado. En todo caso, le encantará el descubrimiento de la hierba.

OBJETIVO DEL JUEGO:
DISTINGUIR LAS TEXTURAS

Un guante con diferentes texturas

◆ Forra un guante viejo con materiales de diferentes texturas. Cuidado: Asegúrate de que todos los materiales están bien cosidos o pegados al guante.

◆ Usa un tejido diferente para cada dedo del guante.

◆ La franela, la seda, el terciopelo y el lino son materiales muy diferentes entre sí que van bien para forrar el guante. También puedes coser a uno de los dedos un botón grande u otro objeto parecido.

◆ Si cortas las puntas de los dedos del guante, tu bebé podrá sentir tus uñas y tu piel y contrastarla con la textura de los otros tejidos.

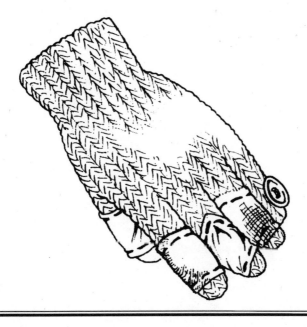

◆ OBJETIVO DEL JUEGO:
DISTINGUIR LAS TEXTURAS

Manos, manitas

◆ Acaricia la mano de tu bebé con suavidad mientras le cantas el estribillo:

> *Manos, manitas,*
> *de san Antonio benditas.*

◆ Acaricia la mano de tu bebé con un muñeco de peluche y repite el estribillo.

◆ Acaríciala con tu mano y repite el estribillo.

◆ Alterna las caricias con tu mano y con otros juguetes de diferentes texturas.

OBJETIVO DEL JUEGO:
DISTINGUIR LAS TEXTURAS

Sonajeros y mordedores

◆ Este juego se debería desarrollar cuando tu bebé esté muy alerta. Siéntalo en su cuna o en un asiento adecuado a su edad.

◆ Pon un sonajero en la mano del bebé. Él aguantará el sonajero unos segundos, pero después seguramente se le caerá.

◆ Recoge el sonajero y devuélveselo.

◆ El bebé pronto se llevará el sonajero a la boca. En esta etapa de su desarrollo, cualquier objeto que pueda asir va a parar a su boca. Más adelante te darás cuenta de cuándo añadir un mordedor para los dientes que le empezarán a salir.

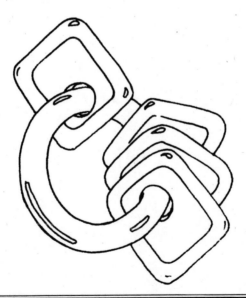

◆ OBJETIVO DEL JUEGO:
LA COORDINACIÓN

Aerobic para bebés

◆ Acuésta a tu bebé boca arriba. Levanta sus brazos y bájalos a continuación con gestos suaves.

◆ Mueve sus brazos hasta juntarlos y después sepáralos.

◆ Mientras lo haces, recita:

> *Los brazos suben y bajan,*
> *los brazos se mueven y se relajan.*
> *Mueve tus brazos sin parar,*
> *arriba y abajo sin descansar.*

◆ Repite lo mismo cuando muevas las piernas del bebé arriba y abajo, y cuando las juntes y las separes; de esta forma, la tonificación de los músculos será equilibrada.

OBJETIVO DEL JUEGO:
HACER EJERCICIO

Los cinco cerditos

◆ Juega a este juego con los dedos de las manos y los pies. Si una vez lo haces con las manos, la siguiente hazlo con los pies para que tu bebé se vaya haciendo más consciente de sus pies y sus manos.

◆ Toca cada dedo de la mano o del pie mientras le recitas este poema a tu bebé:

> *Este cerdito es simpático y gordito,*
> *el hermano a su lado es más delgado.*
> *El tercero, presumido, se cree más bonito,*
> *y el cuarto, emperifollado, se siente estafado.*
> *En cambio, el quinto, tan discreto,*
> *tiene un secreto: él es el más coqueto.*

**OBJETIVO DEL JUEGO:
CONOCER EL PROPIO CUERPO**

Los dedos del bebé

◆ Este juego implica tocar y acariciar mucho, pero ayuda a los bebés a identificar partes de su cuerpo.

◆ Toca las partes del cuerpo a medida que se van mencionando en la canción.

◆ Con niños mayores, juega a este juego con una muñeca grande para reforzar los conceptos.

¿Dónde están los dedos del bebé?
¿Dónde están los dedos de los pies?
¿Dónde está el ombligo del bebé?
Si tú no lo sabes, yo sí lo sé,
y para que lo sepas, te lo repetiré.

¿Dónde están las orejas del bebé?
¿Dónde está la naricilla del bebé?
¿Dónde está el ombligo del bebé?
Si tú no lo sabes, yo sí lo sé,
y para que lo sepas, te lo repetiré.

◆ OBJETIVO DEL JUEGO:
CONOCER EL PROPIO CUERPO

A pedalear

◆ Es muy importante que tu bebé ejercite sus piernas.

◆ Túmbalo boca arriba y envuelve sus pies con tus manos, apoyando las plantas de sus pies sobre tus palmas.

◆ Flexiona las piernas del bebé y después muévelas como si estuviera pedaleando.

◆ Mientras vas moviendo sus piernas, recítale este poema:

Si mi bebé más adelante
quiere andar
primero sus piernas
deberá ejercitar,
y es por eso que ahora
le ayudo a pedalear.
Ánimo y a pedalear, a pedalear,
que esos pies voy a besar.

◆ Cuando llegues a la última línea, dale un beso en cada pie y hazle cosquillas en las plantas.

OBJETIVO DEL JUEGO:
CONOCER EL PROPIO CUERPO

Éste es viejo

◆ A los bebés les gusta mucho este juego tradicional para los dedos de las manos y los pies. Ésta es una versión china.

◆ Comienza con el pulgar o el dedo gordo del pie y continúa tocando el resto de los dedos en orden.

> *Éste es viejo,*
> *éste es joven,*
> *éste no tiene carne,*
> *éste ha ido a por paja,*
> *y éste se ha ido al pueblo.*

◆ Adapta el juego para que tenga que ver con tu entorno.

> *Éste es viejo,*
> *éste es joven,*
> *éste tiene un juguete,*
> *éste ha ido a comprar*
>   (la comida favorita del bebé)
> *y éste se ha ido a la ciudad.*

OBJETIVO DEL JUEGO:
LA RELACIÓN DE APEGO

Mis dedos de los pies

◆ Los bebés muy a menudo se quedan absortos mirando los dedos de sus manos y sus pies. Este divertido juego les ofrecerá una nueva perspectiva para contemplar.

◆ Toma un calcetín de tu bebé, a ser posible blanco, y decóralo con hilos de lana de muchos colores y quizás hasta un cascabel en la punta. CUIDADO: Asegúrate de que todos los materiales que utilizas no son tóxicos, y ata o cose todo de tal manera que no se pueda desprender.

◆ Pon el calcetín sobre el pie o la mano del bebé y observa su agitación y entusiasmo con esta nueva atracción.

◆ No dejes a tu bebé solo, porque seguramente se llevará el calcetín a la boca.

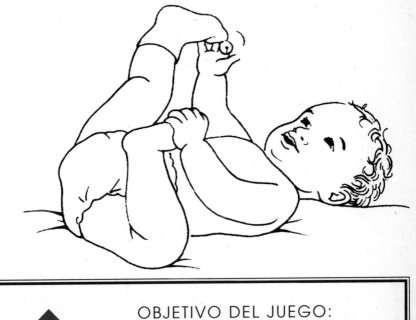

◆ OBJETIVO DEL JUEGO:
LA COORDINACIÓN

Menéate, dedito

◆ Mueve tu dedo índice en el aire mientras recitas este poema:

> *Menéate, dedito, menéate con brío.*
> *Escóndete, dedito, escóndete del frío.*
> *Menéate, dedito, menéate así,*
> *y con mucho cuidado aterriza aquí.*

◆ Mueve tu dedo índice delante de ti, encima de tu cabeza, a los lados, etc. De esta manera tu bebé verá una gran variedad de opciones de movimiento. Cuando llegues a la frase «escóndete del frío», tapa tu dedo o escóndelo detrás de tu espalda. Al recitar la última línea, pon tu dedo índice suavemente sobre la nariz de tu bebé.

◆ En vez de tocar la nariz del bebé, puedes hacerle cosquillas en su barriguita o escoger otra parte del cuerpo para aterrizar.

OBJETIVO DEL JUEGO:
APRENDER A IMITAR

Este dedito del pie

◆ Mientras bañas a tu bebé, aprovecha para jugar a este juego con sus pies. Frota cada dedo con suavidad mientras le recitas este poemilla:

> *Cuando froto un dedito del pie, éste hace fru-fru-fru,*
> *cuando friego otro dedito del pie, éste hace fri-fri-fri,*
> *fru-fru-fru, fri-fri-fri,*
> *ahora estos deditos del pie bien limpios están.*
> *¡CHIP, CHAP!*

◆ Cambia el tono de tu voz cuando digas: «¡CHIP, CHAP!».

◆ Cada vez que juegues a este juego, cambia la manera en que dices «¡CHIP, CHAP!». Habla en un tono agudo, con voz baja, suave, o en un susurro. Seguro que se te ocurren maneras de hacerlo más divertido.

◆ OBJETIVO DEL JUEGO:
DIVERTIRSE

¿Qué notas?

◆ Haz dos agujeros en una caja de poca profundidad. Los agujeros han de ser suficientemente grandes como para que te quepan los dedos.

◆ Forra el interior de la caja con materiales de diferentes texturas (piel, tela de saco, terciopelo, papel de lija y otros que puedas tener a mano). Cierra la caja con celo.

◆ Enséñale al bebé a meter un dedo en un agujero; tú haz lo mismo en el otro agujero.

◆ Háblale de cómo nota los materiales. ¿Son suaves, ásperos, rugosos?

◆ Este juego es excelente para cuando se hacen viajes largos en coche, mientras no seas tú quien tenga que conducir.

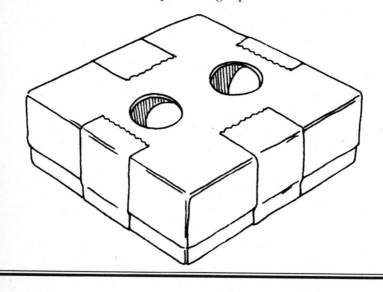

◆ OBJETIVO DEL JUEGO:
DISTINGUIR LAS TEXTURAS

¿Dónde está el sonido?

◆ Dale un sonajero al bebé y ayúdale a agitarlo. Observa si es capaz de agitarlo por su cuenta.

◆ Pon el sonajero en su otra mano. Ayúdale a agitarlo y después observa cómo lo intenta hacer por su cuenta.

◆ Observa si sus ojos enfocan el origen del sonido.

◆ Sacude el sonajero mientras dices: «Suena, sonajero, suena, suena».

◆ Dale el sonajero al bebé y repite las mismas palabras mientras agita el sonajero.

◆ Continúa con el juego para que tu bebé se dé cuenta de que su mano es la que agita el sonajero y la que provoca el sonido.

OBJETIVO DEL JUEGO: DISTINGUIR LOS SONIDOS

Este trenecito

◆ Mueve tus dedos arriba y abajo del brazo del bebé mientras le recitas este poema:

> *Este trenecito está en marcha,*
> *chucuchucuchú.*
> *Este trenecito está en marcha,*
> *chucuchucuchú.*
> *Este trenecito ya regresa,*
> *haciendo chucuchucuchá.*
> *¡Chu, chu!*
>   (Haz que tu voz parezca el silbido de un tren.)

◆ Repite el poema, pero esta vez desliza los dedos del bebé a lo largo de tu brazo.

◆ Di «chu, chu» al final con entusiasmo, y anima a tu bebé a que pruebe a hacer un sonido similar.

**OBJETIVO DEL JUEGO:
LAS APTITUDES LINGÜÍSTICAS**

Nada, pececillo

◆ Éste es un divertido juego para la bañera o una piscina pequeña.

◆ Recita este poema mientras mueves una mano debajo del agua como si fuera un pez.

> *Nada, pececillo,*
> *nada en tu charca,*
> *nada pececillo,*
> *y cuidado con la barca.*
> *¿Dónde está el pececillo?*
> *¿Dónde se habrá ido?*
> *¡Oh, aquí está el pececillo!*
> *CHIP, CHAP,*
> *chapotea con mucho brío.*

◆ Salpica a tu bebé con suavidad cuando digas «CHIP, CHAP».

OBJETIVO DEL JUEGO:
LAS APTITUDES LINGÜÍSTICAS

Cinco lobitos

◆ Coge los dedos de tu bebé en tu mano. Mueve su mano mientras cantas esta canción popular para los dedos:

Cinco lobitos
tenía la loba
blancos y negros,
detrás de una escoba.

Cinco tenía,
y cinco crió,
y a todos los cinco
tetita les dio.

Cinco lavó,
cinco peinó,
y a todos los cinco
al colegio les mandó.

◆ Repite los mismos pasos para los dedos de los pies.

◆ También puedes abrir y cerrar la mano, batir palmas o juntar los pies del bebé al ritmo de la canción.

OBJETIVO DEL JUEGO:
CONOCER EL PROPIO CUERPO

Toca tus dedos

◆ Envuelve la mano de tu bebé con las tuyas y acaricia cada uno de sus dedos, repitiendo la palabra «dedo» cada vez que lo haces.

◆ Acaricia suavemente cada dedo de sus pies y di tras cada caricia: «dedo del pie».

◆ Coloca los dedos del bebé sobre sus pies.

◆ Ahora juega a este juego con los dedos de las manos y los pies.

> *Éste pide pan.*
> *Éste dice: «No lo hay».*
> *Éste dice: «¿Qué haremos?».*
> *Éste dice: «¡Lo robaremos!».*
> *Éste dice: «¡No, no, que en un lío nos meteremos!».*

◆ Cuando llegues a la última línea, hazle cosquillas a tu bebé en las palmas de las manos o en las plantas de los pies.

◆ OBJETIVO DEL JUEGO:
CONOCER EL PROPIO CUERPO

Suelta la pelota

◆ Necesitarás una pelota pequeña y un bote vacío de café para este juego. CUIDADO: Usa uno que no tenga ninguna posibilidad de cortar por culpa de sus bordes (un bote con «abrefácil» y tapa de plástico sería ideal).

◆ Sienta al bebé en el suelo y pon el bote vacío delante de él.

◆ Coloca la pelota en la mano del bebé y sostén su mano por encima del bote. Abre sus dedos para que suelte la pelota dentro del bote.

◆ Cuando oigas que la pelota toca el fondo, di «pum».

◆ Repite esta acción varias veces; verás como tu bebé aprende rápidamente a soltar la pelota por su propia cuenta.

◆ Seguramente necesitarás ayudar a tu bebé para que recupere la pelota.

OBJETIVO DEL JUEGO:
SOLTAR OBJETOS

Toca esto

◆ Encuentra un momento de tranquilidad para que tú y tu bebé podáis desarrollar este juego juntos sin interrupciones.

◆ Reúne objetos que tengan cierta variedad de texturas; por ejemplo, un trozo de papel de aluminio, unas bolas de algodón, unas limas para las uñas, unos retales de pana, de terciopelo, de satén y de lana, un trozo de papel de cera y un tapón de corcho.

◆ Pega varios de estos artículos a una cartulina grande.

◆ Coloca la mano del bebé encima de cada uno de los objetos y dile qué es lo que está tocando. Descríbele alguna característica de cada objeto con adjetivos como «liso», «suave», «agradable» y «frío».

◆ Este juego también es muy apto para el desarrollo del lenguaje.

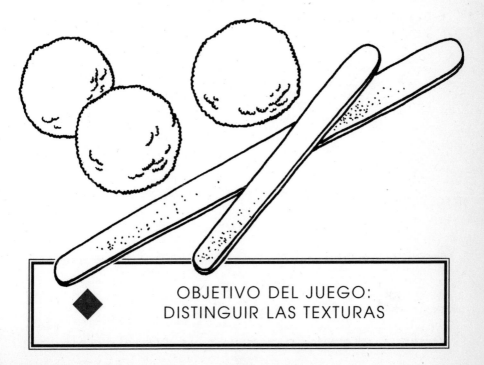

◆ OBJETIVO DEL JUEGO:
DISTINGUIR LAS TEXTURAS

Pie, pie

◆ Los juegos de palabras que tienen que ver con los dedos de las manos y los pies suelen gustar mucho a los bebés, y ayudan a crear una relación de apego especial entre vosotros.

◆ Juega con los dedos de los pies del bebé mientras le recitas el siguiente poema.

> *Pie, pie, ¿dónde estabas hace un rato?*
>   (Mueve el dedo gordo del pie.)
> *Pie, pie, ¿dónde has puesto tu zapato?*
>   (agita todo el pie)
> *Pie, pie, escóndete, que viene un gato.*
>   (Cubre todo el pie con tus manos.)
> *Tesoro mío, ven aquí.*
>   (Coge a tu bebé en brazos y arrúllale y dale besos.)

 OBJETIVO DEL JUEGO:
LA RELACIÓN DE APEGO

A la trico, trico, tran

◆ Recita esta rima popular mientras juegas con los dedos del bebé.
Aunque no entienda el juego muy bien, le encantará el sonido de
las palabras y se reirá mucho.

A la trico, trico, tran,
de la carda, cordobán,
del cordero, carnicero,
¿cuántos dedos hay en medio?

De codín, de codán,
de la vela vela van,
del palacio a la cocina
¿cuántos dedos hay encima?

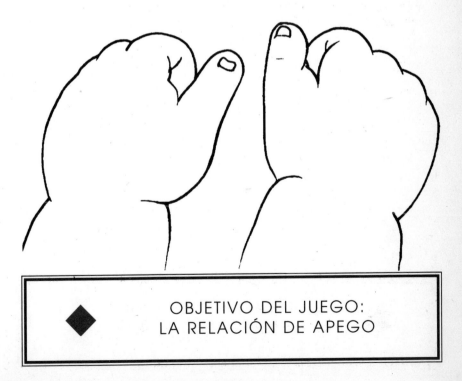

◆ OBJETIVO DEL JUEGO:
LA RELACIÓN DE APEGO

Caricias en los pies

◆ Para desarrollar una relación de apego fuerte y unos vínculos de confianza entre vosotros, es muy importante que le muestres todo tu amor a través de caricias y palabras cariñosas.

◆ Canta esta canción con la melodía de «Vamos a contar mentiras».

> *Caricias pa' los piesitos,*
> *caricias pa' los piesitos,*
> *vamos a besar los pies,*
> *vamos a besar los pies,*
> *un beso a cada dedito.*

◆ Cuando cantes «caricias pa' los piesitos», acaricia con dulzura los pies de tu bebé. Cuando cantes «vamos a besar los pies», dale un beso a cada pie. Una vez que hayas cantado la última línea puedes dar un beso a cada dedo.

OBJETIVO DEL JUEGO:
LA RELACIÓN DE APEGO

Frota, frota, dedo, dedo

◆ Frota cada dedo de los pies de tu bebé mientras repites estas dos palabras una y otra vez, cosa que divertirá mucho a tu pequeña o pequeño.

Frota, frota, dedo, dedo, frota, frota, dedo.
Frota, frota, dedo, dedo, frota, frota, dedo.

◆ Repite estas palabras hasta que hayas dado un masaje a cada dedo.

◆ Repite el mismo juego, pero esta vez con los dedos de las manos.

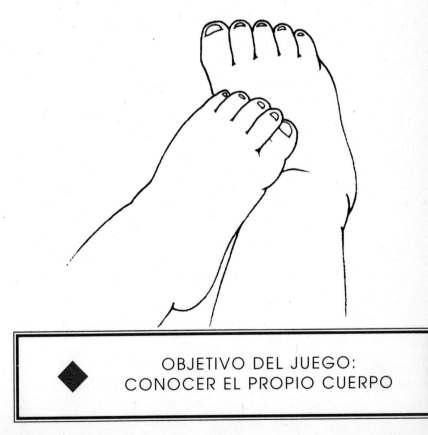

◆ OBJETIVO DEL JUEGO:
CONOCER EL PROPIO CUERPO

A rastras

◆ Haz caminar tus dedos por encima del brazo de tu bebé mientras le recitas este poema.

> *A rastras, a rastras,*
> *se acerca el gatito.*
> *Miau, miau, miau,*
> *maúlla el muy bonito.*

◆ Repite el poema incluyendo a otro animal y su sonido característico.

> *A rastras, a rastras,*
> *se acerca el perrito.*
> *Guau, guau, guau,*
> *ladra el muy ronquito.*

◆ Anima a tu bebé para que haga el sonido de cada animal o para que te acompañe cuando lo hagas; verás como se divierte.

OBJETIVO DEL JUEGO:
LOS SONIDOS DE LOS ANIMALES

Las galletas de hojaldre

◆ Coge una galleta de hojaldre y pégale un mordisco. Deja que tu bebé la mordisquee, pero sin soltar la galleta para que no muerda demasiado y se atragante.

◆ Rompe la galleta en trozos pequeños y coge un trocito para comer. Anima a tu hijo o hija para que haga lo mismo; de esta manera practicará el movimiento de pinza con los dedos, lo cual es muy bueno para su desarrollo motor fino.

◆ Coge un cilindro de los carretes de película fotográfica, quítale la tapa e introduce un trozo de galleta. Dale la vuelta al cilindro para recuperarlo.

◆ Vuelve a introducir un trozo de galleta en el cilindro y deja que tu bebé vuelque el cilindro para recuperar el trozo.

◆ Pon varios trozos dentro del cilindro. Esta vez pon la tapa. Observa las maniobras de tu bebé para quitar la tapa y recuperar los trozos de galleta.

OBJETIVO DEL JUEGO:
COGER OBJETOS PEQUEÑOS

Mano muerta

◆ Hay muchos juegos populares que tienen como tema contar los dedos, relajar la mano, esconder las manos y dar palmas con una pareja. A los bebés les encanta jugar a la mano muerta, como podrás comprobar.

◆ Recita este poema mientras sigues las instrucciones de la letra. Juega a este juego con el bebé en tu regazo y una mesa enfrente.

Mano muerta,
mano muerta,
cuatro frailes
a mi puerta.
   (Coge su mano
   y despliega cuatro dedos.)

Mano muerta,
mano muerta,
pica a tu puerta,
pica a tu puerta.
   (Golpea sus nudillos
   suavemente sobre la mesa.)

Tilín, tilán,
las campanas de San Juan,
una pide vino
y otra pide pan.
   (Mece sus manos relajadas
   como si fueran campanas;
   deja que choquen juntas.)

Tilín, tilán,
las campanas de San Juan,
unas vienen y otras van,
tilín, tilán.
   (Mece sus manos
   y haz que choquen entre sí.)

◆ OBJETIVO DEL JUEGO:
DIVERTIRSE

206

La granja

◆ Juegos como éste de «La granja» son muy aptos para enseñar a los bebés a tener confianza y a desarrollar el sentido del humor.

◆ Recita este poema mientras sigues las instrucciones.

> *Doña Abeja, muy trajeada, fue a visitar la granja.*
>   (Pon tu dedo índice en su barriguita.)
> *Bajo el ala acarreaba unos dulces de naranja.*
>   (Hazle cosquillas bajo el brazo al bebé.)
> *Todos los insectos que a la fiesta habían venido*
> *la vitorearon muy contentos con un fuerte zumbido.*
> *¡Bzzzzzzzzzz!*
>   (Hazle cosquillas por todos lados y dale muchos besos.)

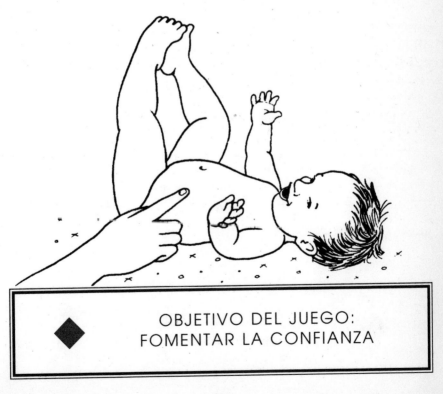

◆ **OBJETIVO DEL JUEGO:
FOMENTAR LA CONFIANZA**

Abre y cierra las manos

(Prepárate para oír carcajadas.)

◆ Este juego tiene mucho éxito con los bebés, especialmente por su final inesperado.

◆ Recita el poema y escenifica la letra con tus dedos mientras el bebé te observa.

> *Abre y cierra las manos,*
> *abre y cierra las manos,*
> *y haz una palmadita.*
> *Abre y cierra las manos,*
> *abre y cierra las manos,*
> *y ponlas sobre mi faldita.*
>
> *Camino, camino los dedos,*
> *camino, camino los dedos,*
> *ya casi llegan a tu barbilla.*
> *Abre la boca y ve a su encuentro,*
> *abre la boca y ve a su encuentro...*
> *sin dejar que los dedos se metan dentro.*

◆ Empieza haciendo caminar los dedos de la cintura para arriba.

◆ Ve más despacio y acerca los dedos a su boca cuando digas «abre la boca y ve a su encuentro». Haz una pequeña pausa y después di muy rápidamente «sin dejar que los dedos se metan dentro» y esconde las manos detrás de la espalda.

◆ Tu bebé pronto imitará tus gestos.

◆ OBJETIVO DEL JUEGO:
APRENDER A IMITAR

Una cuchara y agua

◆ A tu bebé le intrigará mucho este juego.

◆ Coloca una cuchara y un cuenco de plástico, que no sea muy hondo, en la mesa delante de tu bebé.

◆ Llena el cuenco de agua.

◆ Al lado del cuenco pon un vaso de plástico vacío. Enséñale al bebé cómo ir sacando cucharadas de agua del cuenco para llenar el vaso.

◆ Si añades unos cubitos de hielo al cuenco será aún más divertido, especialmente porque el bebé se preguntará cómo desaparecen los cubitos.

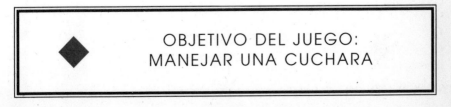

◆ OBJETIVO DEL JUEGO:
MANEJAR UNA CUCHARA

Ya es hora de dormir

◆ Éste es un juego para contar los dedos de los pies; a tu bebé le encantará.

◆ Recítale este poema:

> «Es hora de que mis pollitos vayan a dormir»,
> suspiró mamá Gallina tras sonreír.
> «Los contaré uno a uno para asegurar
> que todos mis pollitos en su cama van a estar.»
>
> Un pollito, dos pollitos,
> tres pollitos chiquititos,
> cuatro pollitos, cinco pollitos,
> en total están toditos.
> Sois los pollitos más bonitos,
> de eso no cabe duda, hijitos.

◆ Comienza a contar los dedos de los pies cuando empieces el segundo verso.

OBJETIVO DEL JUEGO:
DIVERTIRSE

Los ratoncitos

◆ Tu bebé escuchará con mucho placer este cuento con mímica.

◆ Recita la letra de este sencillo poema y sigue sus instrucciones.

¿Dónde están los ratoncitos?
Chillan, chillan y chillan.
   (Habla en una voz bajita y suelta pequeños chillidos mientras escondes tu mano detrás de la espalda.)
No los puedo ver
a ver, a ver, a ver.
   (Saca tu puño de detrás de la espalda para que lo vea tu bebé.)
Ya se asoman
   (Habla con ilusión.)
salen de su agujero
y los cinco desfilan
con su sombrero.
Uno, dos, tres, cuatro, cinco,
ante ti se presentan dando un brinco.
   (Abre tu puño y levanta los dedos uno a uno al contar hasta cinco; después acerca la mano abierta a la cara de tu bebé y acaríciale.)

◆ OBJETIVO DEL JUEGO:
DIVERTIRSE

El caracol

◆ Curva una mano hacia arriba. Mientras recitas este poema, haz caminar los dedos de la otra mano por la palma de la primera hasta introducirlos en ella.

> *Don Faustino el caracol*
> *había dejado su casa sola.*
> *Como temía estar bajo el sol*
> *se arrastró hacia su caracola.*
> *Arrastrándose se aproximaba,*
> *arrastrándose se acercaba,*
> *hasta alcanzar su dulce hogar,*
> *exclamando con alivio al llegar*
> *que su caracola era el mejor lugar.*

◆ Curva la mano para que tu bebé camine con los dedos en ella.

◆ Enséñale a tu bebé a curvar su mano y camina con tus dedos hasta subirte a ella.

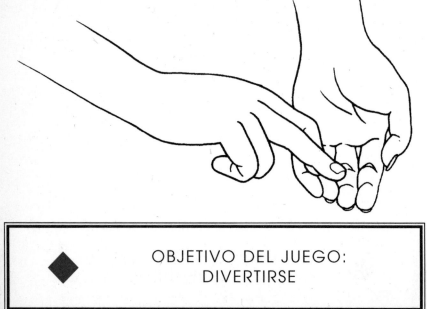

◆ OBJETIVO DEL JUEGO:
DIVERTIRSE

El juego del guante

◆ Siéntate en el suelo con tu bebé.

◆ Ponte un guante de limpieza o de jardinería en una mano. Mueve tus dedos dentro del guante.

◆ Coloca el guante sobre la mano del bebé y haz que mueva sus deditos dentro de él, por grande que le vaya. Cuando consiga moverlos por su cuenta, di palabras divertidas como «¡atiza!» o «chispas», o cualquier otra cosa que se te ocurra.

◆ Saca la mano del bebé del interior del guante y observa si es capaz de volvérselo a poner sin tu ayuda. Seguramente le llevará mucho tiempo y esfuerzo. Si acaba frustrándose, ayúdale y dale ánimos para que lo vuelva a probar.

◆ Juega a que tenéis una «conversación de guantes». Pon un guante en una de sus manos y el otro en la tuya. Mueve el guante de tu mano como si estuviera hablando y observa si tu bebé hace lo mismo con el suyo como si te contestara.

◆ Pon el guante sobre el pie de tu bebé.

◆ Pon el guante sobre la mano o el pie de una muñeca grande.

◆ OBJETIVO DEL JUEGO:
RESOLVER PROBLEMAS

Esta vaquita

◆ Juega a este juego con los dedos de las manos o los pies. Coge cada dedo y menéalo suavemente mientras describes cada vaquita.

Esta vaquita come hierba en el prado.
Esta vaquita come paja justo al lado.
Esta vaquita pasea sobre el puente.
Lo que más le gusta es observar a la gente.
Esta vaquita se escapa cada día;
siempre la encontramos con la tía María.
Y esta vaquita prefiere hacer el vago
y quedarse soñando muy cerca del lago.

A corretear, vaquitas,
¡ale, ale, a por ellas!

◆ Cuando digas el último verso, hazle cosquillas a tu bebé por todo el cuerpo.

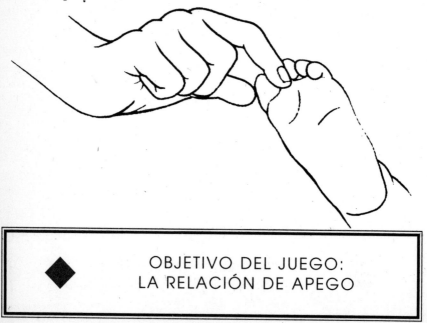

◆ OBJETIVO DEL JUEGO:
LA RELACIÓN DE APEGO

Si estás contento (contenta)

◆ Ayuda a tu bebé a descubrir todas las maneras posibles de mover los dedos de las manos y los pies.

◆ Cántale esta canción al son de «Ya viene la vieja».

> *Si estás contento (contenta)*
> *mueve tus deditos,*
> *si estás contento (contenta),*
> *mueve tus deditos.*
> *Alegre sonríes*
> *para que te mire.*
> *Los dedos se agitan*
> *de manos y pies.*

◆ Invéntate otros versos para señalar a tu bebé los distintos movimientos que puede realizar con sus manos y pies.

Mover los dedos de los pies...
Agitar los dedos de las manos y los pies...
Abrir y cerrar los dedos...
Mover los dedos dibujando un círculo...
Hacer cosquillas...

OBJETIVO DEL JUEGO:
CONOCER EL PROPIO CUERPO

A través del agujero

◆ Pon el pulgar y el dedo índice juntos para que formen un círculo.

◆ Con el dedo índice de la otra mano atraviesa el círculo que has formado con los dos dedos. Cuando lo hagas, di «¡Bu!».

◆ Recita este poema mientras vas meneando el dedo.

> *Menea tu dedo,*
> *menea tu dedo,*
> *menea tu dedo,*
> *y con ademán certero...*
> *atraviesa el agujero, ¡BU!*

◆ Al decir «¡BU!», atraviesa el círculo con tu dedo y agítalo rápidamente.

◆ Ahora anima a tu bebé a que pruebe este juego; ayúdale para que acierte a pasar su dedo por el círculo que tú has formado juntando dos dedos de una mano. Cuando digas «BU», dale un beso al dedo de tu bebé.

◆ Ahora intenta enseñarle a tu hijo o hija a formar un círculo con su pulgar y su índice. Atraviesa ese círculo con tu dedo.

OBJETIVO DEL JUEGO:
LA COORDINACIÓN

Éste es el padre

◆ Mueve cada uno de los dedos de tu bebé por separado comenzando con el pulgar mientras recitas la siguiente letra.

> *Éste es el padre, robusto y cabezón,*
> *ésta es la madre, que indica con tesón,*
> *éste es el hermano, que es todo corazón,*
> *ésta es la hermana, que luce con razón,*
> *éste es el pequeño, de todos el más bribón.*
> *Y aquí está la familia, apiñada en un montón.*

◆ En la última línea, apiña los dedos primero y después sepáralos para mover toda la mano.

◆ Empieza de nuevo el juego, pero esta vez con los dedos de los pies comenzando por el dedo gordo.

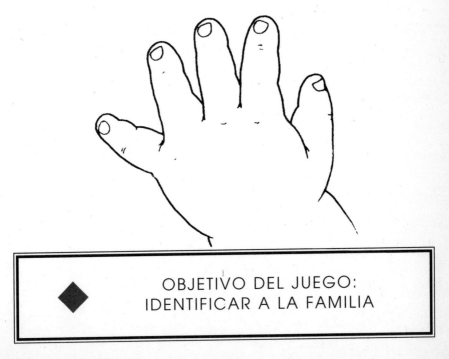

◆ OBJETIVO DEL JUEGO:
IDENTIFICAR A LA FAMILIA

Juegos para bañarse
y vestirse

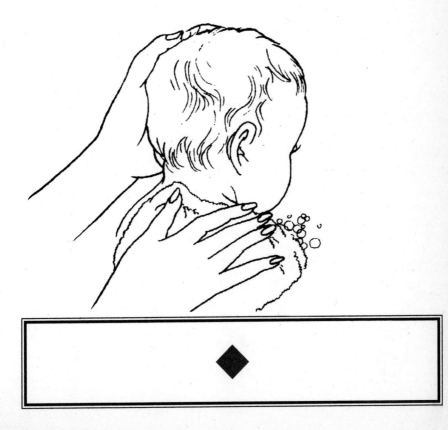

Cógelo fuerte

◆ Sostén un juguete pequeño delante del bebé dentro de su campo de visión.

◆ Toca la palma de su mano con el juguete y ayúdale a cerrar los dedos para sujetarlo.

◆ Ahora aleja tu mano, dejando que sea el bebé quien sujete el juguete.

◆ Cuando lo suelte, dáselo de nuevo e ínstale con dulzura a sujetar su juguete con fuerza.

◆ Cuanto más practiques este juego, más fuertes se harán los dedos del bebé, con lo cual muy pronto podrá abrir y cerrar sus manos a voluntad.

◆ Cada vez que suelte el juguete, devuélveselo a la mano opuesta.

◆ Para que tu bebé disfrute descubriendo nuevas texturas, puedes irle dando juguetes de diferentes materiales para que sienta la diferencia entre lo suave, lo rugoso, lo áspero, etc.

◆ OBJETIVO DEL JUEGO:
SUJETAR OBJETOS

Descubro mis manos

◆ Alrededor de los tres meses, los bebés hacen un descubrimiento muy especial: observan sus manos y descubren que son una parte de su cuerpo.

◆ El juego que proponemos aquí facilitará este proceso de descubrimiento y le proporcionará mucho placer a tu bebé.

◆ Pon a tu bebé sobre su espalda y háblale con dulzura hasta que hayas conseguido toda su atención.

◆ Descansa la mano del bebé sobre su mejilla. Al hacerlo, dile: «Mi bebé tiene una mano muy bonita».

◆ Después de haberlo hecho algunas veces, pon su mano delante de sus ojos antes y después de descansarla sobre su mejilla. Alterna sus manos para que se familiarice con ambas.

◆ De esta manera, tu bebé asociará placer con el hecho de ver sus manos.

◆ OBJETIVO DEL JUEGO:
CONOCER EL PROPIO CUERPO

Besos de amor

◆ Es fantástico jugar a esto cuando vistes al bebé o le cambias el pañal.

◆ Dile: «me encanta tu nariz, nariz, nariz». Dale un beso en la nariz.

◆ Dile: «Me encanta tu barriga, barriga, barriga». Dale un beso sobre su estómago.

◆ Repite este juego nombrando todas las partes del cuerpo y besándolas.

◆ Este juego ayuda a que tu bebé vaya conociendo su cuerpo, además de hacer que sea consciente de lo mucho que le quieres.

OBJETIVO DEL JUEGO:
CONOCER EL PROPIO CUERPO

El baño del bebé

◆ Para cambiar de ritmo y relajarse un poquito, no hay nada mejor que tomar un baño caliente con tu bebé.

◆ Mece al bebé en tus brazos.

◆ Cántale mientras le meces. Invéntate una letra para decirle lo mucho que le quieres y lo divertido que es bañarse juntos y jugar a chapotear.

◆ La canción no es importante; lo que realmente importa es que la vinculación entre vosotros se haga aún más estrecha para que tu bebé se sienta seguro y protegido.

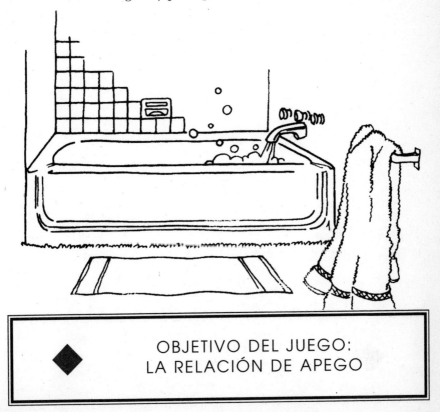

OBJETIVO DEL JUEGO:
LA RELACIÓN DE APEGO

Mi precioso bebé

◆ Juega a este juego cada vez que vistas a tu bebé; lo disfrutará mucho, especialmente después de su baño.

◆ Acarícialo dándole un ligero masaje.

◆ Dile a tu bebé que le quieres. Menciona cada parte de su cuerpo que acaricias.

◆ Recita este poema mientras vistes a tu bebé o en cualquier otro momento cotidiano.

> *Para mi bebé pido*
> *que éste mi deseo se vea cumplido.*
> *Una luz para mi lucero,*
> *una rosa de este rosal,*
> *que siempre todas sus penas*
> *le quepan en un dedal.*

**OBJETIVO DEL JUEGO:
LA RELACIÓN DE APEGO**

Sigue el juguete

(Este juego es excelente para desarrollar la coordinación ocular.)

◆ Atrae la atención del bebé agitando un sonajero a dos o tres palmos de su cara.

◆ Cuando fije su vista sobre el sonajero, muévelo lentamente dibujando medio círculo con él.

◆ Ahora intenta fijar su vista en un juguete de cuerda que hable. Si vas cambiando de objetos, mantendrás la atención del bebé durante más tiempo.

◆ OBJETIVO DEL JUEGO:
LA COORDINACIÓN DE LA VISTA

¿Dónde está el sonajero?

◆ Mientras tu bebé está tumbado boca arriba, coge un sonajero y agítalo para que suene, primero a un lado de su cabeza y después al otro.

◆ Cuando comience a buscar el sonido —cosa que advertirás mirando sus ojos— gira su cabeza hacia el sonido.

◆ Coloca el sonajero en la mano del bebé. Mueve su mano arriba y abajo y observa cómo busca el sonido.

◆ Dile palabras de aliento para animarlo a buscar el sonido. El hecho de alentarle con tu voz le ayudará a seguir intentando encontrar el sonido hasta que lo consiga.

◆ Le puedes decir cosas como: «Lo estás haciendo muy bien», «Estoy muy orgullosa (orgulloso) de ti», o cualquier otra cosa que le indique tu entusiasmo por lo que está haciendo.

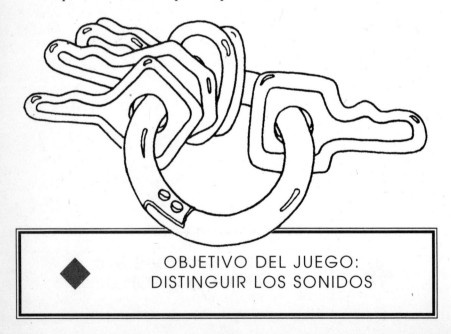

◆ OBJETIVO DEL JUEGO:
DISTINGUIR LOS SONIDOS

A ver si me encuentras

◆ Este juego es una buena forma de practicar la coordinación entre el oído y la vista.

◆ Mientras el bebé está acostado en su cuna, ve a otra parte de su habitación y llámale.

◆ Acércate a la cuna y llámale por su nombre mientras le acaricias la cabeza.

◆ Vuelve a alejarte y sitúate en otra parte de la habitación; llámale por su nombre.

◆ Acércate a la cuna y repite su nombre mientras le acaricias la cabeza.

◆ Tu bebé moverá sus ojos buscando la procedencia del sonido mientras tú vas recorriendo la habitación y llamándole por su nombre desde sitios diferentes. El hecho de que vuelvas a situarte cada vez delante de su cuna ayuda a asegurar que tu hija o hijo oye el sonido tanto de cerca como de lejos.

OBJETIVO DEL JUEGO:
DISTINGUIR LOS SONIDOS

La lancha

◆ Este juego es especialmente apto cuando estás cambiando el pañal del bebé.

◆ Mientras tu bebé está tumbado boca arriba, coge un pie en cada una de tus manos.

◆ Mueve sus piernas hacia delante y hacia atrás, al principio muy lentamente, y después cada vez más rápido mientras le recitas este poema, diciendo cada verso un poco más de prisa.

> *Lancha, lancha, despacio vas arrancando,*
> *lancha, lancha, sí que vas acelerando,*
> *lancha, lancha, sobre el agua vas saltando.*

OBJETIVO DEL JUEGO:
DIVERTIRSE

Es hora de bañarse

◆ La hora del baño es perfecta para que tu bebé se vaya haciendo más consciente de su cuerpo. Mientras le bañas, cántale sobre las diferentes partes de su cuerpo.

◆ Canta esta canción al son de «La pastora».

Es hora de bañarse, lara, lara, larito,
es hora de bañarse, con agua y jaboncito,
con agua y jaboncito.
A mi bebé le limpio, lara, lara, larito,
a mi bebé le limpio la cara y los ojitos,
la cara y los ojitos.

◆ Lava cada parte del cuerpo a medida que la vayas mencionando en la canción, cantando nuevas estrofas con «las manos y los bracitos», «las piernas y el culito», etc.

OBJETIVO DEL JUEGO:
CONOCER EL PROPIO CUERPO

Los dedos del bebé

◆ Este juego ayuda a que el bebé sea más consciente de su cuerpo y adquiera vocabulario relacionado con éste. También es una oportunidad de fortalecer la relación de afecto y confianza entre vosotros.

◆ Mientras lo vistes, puedes aprovechar para decirle cómo se llaman todas las partes de su cuerpo.

◆ Toca suavemente cada uno de los dedos de tu bebé. Cada vez que lo hagas, repite con voz cantarina: «Éste es el dedo de (el nombre de tu hijo o hija)».

◆ Pon la mano del bebé sobre tus dedos. Con la misma entonación cantarina, dile: «Éste es el dedo de mamá (papá, abuela, tío, etc.)».

OBJETIVO DEL JUEGO:
CONOCER EL PROPIO CUERPO

Hola, manos

◆ A esta edad, los bebés disfrutan mucho con este juego porque es el momento en que descubren y exploran sus manos y sus pies.

◆ Coge un par de calcetines viejos de tu bebé y haz cinco agujeros en cada uno de ellos para que puedan pasar los dedos por allí.

◆ Decora los calcetines con colores vivos y formas o caras atractivas.

◆ Pasa sus dedos por los agujeros de los calcetines y deja que se divierta mirando y parloteando con los calcetines.

◆ Recuerda que debes escoger con cuidado las decoraciones para los calcetines, pues lo más seguro es que tu bebé acabe metiéndose las manos en la boca.

OBJETIVO DEL JUEGO:
DISTINGUIR LOS COLORES

Diversión con un pañal

◆ Juegos de este tipo ayudan a desarrollar el sentido del humor de tu bebé.

◆ Puedes convertir el momento de cambiar el pañal en una cosa divertida. Funciona bien tanto con los pañales desechables como con los de tela. Aguanta el pañal limpio delante de tu cara para que te tape, y después córrelo a un lado y di: «Cu-cú».

◆ Pon el pañal delante de tu cara, inclina tu cabeza hacia el bebé y di «Cu-cú», en voz baja.

◆ Ahora agita el pañal delante de tu cara y di: «Cu-cú».

◆ **OBJETIVO DEL JUEGO:
EL SENTIDO DEL HUMOR**

Es la hora del masaje

◆ Juegos de este tipo crean y fortalecen la vinculación entre los padres y el hijo o la hija.

◆ Después del baño, dale un masaje suave a tu bebé.

◆ Mientras le susurras palabras de cariño, pasa tus manos por su cuerpo y hazle un masaje muy ligero.

◆ Si tu bebé no tiene ningún tipo de alergia, puedes usar talco para darle el masaje.

◆ Mientras le estás dando el masaje, nombra las partes de su cuerpo que estás tocando. Un ejemplo sería: «Qué pies tan bonitos tienes. Ahora voy a dar un masaje a tus pies».

◆ Gira a tu bebé para que quede boca abajo y dale un masaje en la espalda, en las piernas, en las plantas de los pies, etc.

OBJETIVO DEL JUEGO:
LA RELACIÓN DE APEGO

Juanito, cuando baila...

◆ Pon a tu bebé en la cama boca arriba.

◆ Recítale esta canción tradicional mientras vas siguiendo las instrucciones de la letra.

Juanito, cuando baila,
baila así, con el dedito.
¡Qué bien baila Juanito!
Juanito, cuando baila,
baila con el pie,
con el pie, pie, pie.
También con el dedito.
¡Qué bien baila Juanito!
Juanito, cuando baila,
baila con la nariz, iz, iz.

Con el pie, pie, pie.
También con el dedito.
¡Qué bien baila Juanito!
Juanito, cuando baila,
baila del revés.
Del revés, ves, ves.
Con la nariz, iz, iz.
Con el pie, pie, pie.
También con el dedito.
¡Qué bien baila Juanito!

OBJETIVO DEL JUEGO:
HACER EJERCICIO

¡Uno, dos, a patear!

◆ Túmbate en el suelo al lado de tu bebé.

◆ Cubre tus pies con una manta pequeña y después patea para quitártela de encima.

◆ Cuando patees la manta, recita esta rima.

> *Uno, dos, a patear,*
> *que la manta me quiero quitar.*
> *Uno, dos, a patear,*
> *que no me quiero acalorar.*

◆ Si quieres, invéntate una melodía para cantarla.

◆ Ahora coloca la manta sobre los pies de tu bebé. Canta esta cancioncilla mientras le ayudas a patear la manta para quitársela de encima.

OBJETIVO DEL JUEGO:
HACER EJERCICIO

Haz rodar la pelota

◆ Si tienes una pelota de playa grande, la puedes usar para que tu bebé se divierta y haga ejercicio a la vez.

◆ Pon a tu bebé boca abajo encima de la pelota de playa.

◆ Sujétalo con fuerza mientras haces que la pelota ruede hacia delante y hacia atrás. CUIDADO: No sueltes a tu bebé en ningún momento mientras está encima de la pelota.

◆ Recita este poema mientras haces rodar la pelota.

> *La pelota rueda*
> *hacia delante y hacia atrás,*
> *yo te cogeré, y tú te reirás.*
> *Diviértete, pequeño,*
> *que de la pelota no caerás.*

◆ Cuando digas «no caerás», dale un beso en la espalda a tu bebé.

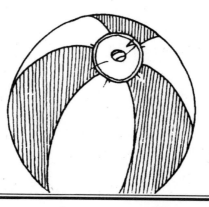

◆ **OBJETIVO DEL JUEGO:**
HACER EJERCICIO

Dóblate y estírate

◆ Tumba a tu bebé boca arriba sobre una superficie lisa y un poco acolchada; el cambiador es un buen sitio para realizar esta actividad.

◆ Aguanta sus pies y levántalos poco a poco hasta que casi le lleguen a la cara, y dile: «Dóblate y estírate, dóblate y estírate».

◆ Toca la nariz del bebé suavemente con su pie derecho. Toca su nariz con su pie izquierdo. Cada vez que hagas este gesto, di: «Dobla y estira las piernas, dobla y estira las piernas».

◆ Cruza los brazos de tu bebé sobre su pecho, y después estíralos hacia fuera. Mientras haces esto, di: «Dobla y estira los brazos, dobla y estira los brazos».

◆ Extiende tus dedos índice para que tu bebé se sujete a ellos. Levanta sus brazos hacia arriba y después bájalos mientras dices: «Estira y baja los brazos, estira y baja los brazos».

◆ Finalmente, mientras sujetas con fuerza las manos de tu bebé, estíralo o estírala hasta que quede sentado o sentada. Después vuelve a estirarlo o estirarla para que quede sobre su espalda, y dile: «Dóblate y estírate, dóblate y estírate».

◆ Más adelante también podrá ponerse de pie, lo cual hará aún más entretenida esta rutina de ejercicio.

OBJETIVO DEL JUEGO:
HACER EJERCICIO

Chapotea en la bañera

◆ Este juego generalmente les encanta a los bebés.

◆ Llena la bañera hasta más o menos un tercio de su capacidad.

◆ Tiende a tu bebé en la bañera y deja que chapotee. Sujeta su cabeza con tus manos para que no le entre agua en los oídos.

◆ Mientras chapotea, cántale esta canción con la melodía de «¿Dónde están las llaves?».

Chapotea en la bañera,
chipi, chape, chipi, chape,
salpicando con las piernas,
chipi, chape, chipi, chap, pim, pom.
Mi bebé tendrá unas piernas,
chipi, chape, chipi, chape,
mi bebé tendrá unas piernas,
chipi, chape, de campeón, pim, pom.

OBJETIVO DEL JUEGO:
HACER EJERCICIO

¿A quién ves?

◆ Mientras cambias el pañal a tu bebé puedes aprovechar para convertir este momento en algo especial, además de ayudarle en su desarrollo general.

◆ Una actividad que puedes compartir con él es la de mirar fotos colgadas al lado de su cambiador.

◆ Comienza con fotos de los miembros de la familia. Mientras las mira, le puedes preguntar: «¿A quién ves aquí?».

◆ Nombra siempre a la persona después de haberle preguntado a quién ve en la foto.

◆ Cuelga fotos de animales y pregúntale a tu hijo o hija cómo se llama el animal y qué sonido produce. CUIDADO: Es mejor no usar chinchetas para no correr el riesgo de que se caigan y que el bebé se las meta en la boca; es preferible usar celo.

OBJETIVO DEL JUEGO:
LAS APTITUDES LINGÜÍSTICAS

A lavar esos deditos

◆ Cántale esta canción a tu bebé mientras lo bañas.

◆ Acopla esta letra a la melodía de «Quisiera ser tan alta»:

> *A lavar esos dedos con jabón y agua*
> *¡Ay!, ¡ay!, con jabón y agua,*
> *con jabón y agua.*
> *Así los deditos estarán bien limpios,*
> *¡Ay!, ¡ay!, estarán limpios,*
> *limpios estarán.*

◆ Repite esta canción para mencionar otras partes del cuerpo; así, dirás: «A lavar esas manos con jabón y agua» o «A lavar ese pelo con jabón y agua», incorporando las partes del cuerpo que se te ocurran.

◆ Después de haber cantado esta canción varias veces, pregúntale a tu bebé: «¿Dónde está la nariz?», «¿Dónde están los dedos?».

OBJETIVO DEL JUEGO:
CONOCER EL PROPIO CUERPO

Ris, ras

◆ A medida que crece un bebé, más difícil se hace cambiarle el pañal. Una buena forma de captar su atención y conseguir que no se mueva tanto es recitándole un poema; éste es muy apropiado.

¡Ris, ras, afuera el pañal!
mi bebé mojado se siente fatal.
¡Ris, ras, un nuevo pañal!
mi bebé sequito se siente genial.

◆ El bebé se divertirá con el sonido de «ris, ras» y pronto lo intentará reproducir.

◆ OBJETIVO DEL JUEGO:
DIVERTIRSE

Cucú, cantaba la rana

◆ Esta canción tradicional siempre ha gozado de gran popularidad entre los niños debido a su melodía alegre y el divertido sonido de «cucú». Cántale esta canción a tu hija o hijo mientras está en la bañera.

> *Cucú, cantaba la rana,*
> *cucú, debajo del agua,*
> *cucú, pasó un caballero,*
> *cucú, con capa y sombrero,*
> *cucú, pasó una señora,*
> *cucú, con traje de cola,*
> *cucú, pasó un marinero,*
> *cucú, vendiendo romero,*
> *cucú, le pidió un ramito,*
> *cucú, no le quiso dar,*
> *cucú, y se echó a llorar.*

◆ Mientras cantas, mueve a tu bebé hacia delante y hacia atrás por el agua. Este movimiento de deslizarse por el agua fascina y tranquiliza a los bebés, y además les hace tener más confianza en el agua.

◆ Si estás enseñando a nadar a tu bebé, juega a cantarle y girarle en el agua lentamente, y después pasa tus manos por su torso de manera que sus piernas y brazos queden libres. De esta manera, cuando los agite, estará «nadando», aunque necesitará tiempo para coordinar los movimientos.

◆ OBJETIVO DEL JUEGO:
DIVERTIRSE

Los diez deditos de los pies

◆ Tu bebé disfrutará mucho con esta canción, dentro y fuera de la bañera.

◆ Mientras le cantas, toca cada uno de los dedos de las manos o los pies. Cuando llegues al último verso salpica al bebé o hazle girar en el agua.

◆ Seca el cuerpo del bebé y después frota cada dedito con la toalla. Mientras tanto cántale la canción siguiente, con la melodía de «El cocherito leré». Al terminar, dale un abrazo.

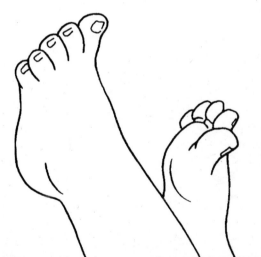

*Un dedito tengo yo,
dos dedos, y tres también,
cuatro dedos y uno más
son los dedos de mi pie.*

*En el otro pie tengo
cinco deditos también,
uno, dos y tres dedos,
cuatro y cinco en total.*

*El número de dedos
que tengo en total
entre los dos pies
es igual a diez, es:
cinco y cinco.*

◆ **OBJETIVO DEL JUEGO:
APRENDER A CONTAR**

El juego de los zapatos

◆ Éste es un poema para calzar los zapatos.

> *Cuatro herraduras*
> *tiene el caballo,*
> *cuatro tiene*
> *la yegua también,*
> *ahora las quiere*
> *el potro bayo,*
> *pues con herraduras*
> *se galopa bien.*

◆ Recita la última línea cuando ya estés atando los cordones, y tamborilea con tus pies en el suelo tras decir «se galopa bien».

◆ Verás que tu bebé comenzará a esperar el tamborileo de los pies tras escuchar el poema unas cuantas veces; este tipo de sonido intriga mucho a los bebés.

◆ OBJETIVO DEL JUEGO:
DIVERTIRSE

Que llueva

◆ Juega a que llueve cuando tengas al bebé en su bañera.

◆ Coge una botella de plástico con un tapón que cierre bien. Hazle agujeros por toda su circunferencia y después entrégasela a tu hija o hijo.

◆ Enséñale cómo llenar la botella de agua. Ciérrala y ayúdale a sostener la botella sobre su cabeza para que le llueva encima.

◆ A tu bebé le encantará esta actividad. Mientras jugáis, puedes cantarle esta canción popular.

Que llueva, que llueva,
la Virgen de la Cueva,
los pajaritos cantan,
las nubes se levantan.
¡Que sí! ¡Que no!
¡Que caiga un chaparrón,
con azúcar y turrón!

OBJETIVO DEL JUEGO:
DIVERTIRSE

T-a-a-an grande

◆ Juega a este juego con tu bebé cuando esté boca arriba sobre una superficie plana.

◆ Acércate y extiende las manos para que el bebé se coja a tus dedos. Levántalo poco a poco hasta que esté sentado y dile: «¡(el nombre de tu bebé) es taaan grande!».

◆ Si tu bebé aún no se puede asir a tus dedos, pon tus manos encima de las suyas y ayúdale a que se agarre a ti.

◆ A medida que se ve a haciendo mayor, puedes complicar el juego diciéndole «Arriba vamos y abajo bajamos», mientras tiras de él o de ella para que se siente, para luego volverle a tumbar. En algún momento, tu bebé querrá hacer estos movimientos por su propia cuenta. Elogia todos sus esfuerzos para conseguirlo.

◆ OBJETIVO DEL JUEGO:
APRENDER A SENTARSE

La canción de los besos

◆ Siéntate en una silla con tu bebé sentado y erguido sobre tus rodillas.

◆ Haz que el bebé bote sobre tus rodillas y cántale esta canción al son de «Tengo una muñeca»:

> *Nadie quiere a mi bebé como le quiero yo,*
> *por eso le demuestro todo mi amor.*
>   (Haz que bote sobre tus rodillas.)
> *Un besito en la mejilla le doy yo,*
> *y otro de propina con mucho calor.*
>   (Haz que bote sobre tus muslos.)
> *Mis besos le llueven por la carita,*
> *nunca he visto otra tan bonita.*
>   (Apóyale sobre tu estómago y haz que bote ligeramente.)
> *Mi bebé siempre confía en mi amor,*
> *y por eso mis besos saben mejor.*
>   (Aprieta a tu bebé contra ti y arrúllalo.)

◆ Repite el juego, esta vez al revés.

OBJETIVO DEL JUEGO:
LA RELACIÓN DE APEGO

En el espejo

◆ Sostén a tu bebé delante del espejo.

◆ Mientras se mira, toca su nariz e indícale: «Aquí está tu nariz».

◆ Toca su cabeza y dile: «Aquí está tu cabeza».

◆ Pídele a tu bebé que se toque la nariz. A continuación, pídele que se toque la cabeza.

◆ Toca tu nariz, y di: «Aquí está mi nariz». Haz lo mismo con tu cabeza.

◆ Pídele a tu bebé que te toque la nariz y la cabeza.

◆ **OBJETIVO DEL JUEGO:
CONOCER EL PROPIO CUERPO**

La borla de empolvar

◆ Ésta es una manera estupenda de tener a tu bebé entretenido mientras le cambias el pañal.

◆ Si en casa hay una polvera, dale la borla de empolvar para que se divierta tocándola.

◆ Frota la borla contra su barriga mientras le recitas este poema.

> *Borla de empolvar,*
> *con ella te voy a tocar,*
> *tu estómago voy a frotar,*
> *cosquillas te voy a hacer,*
> *y reír no podrás evitar.*

◆ Cuando llegues al último verso, haz cosquillas a tu bebé.

◆ Sigue frotando diferentes partes de su cuerpo con la borla. Cada vez que toques una parte del cuerpo diferente, menciona esta parte en el poema.

OBJETIVO DEL JUEGO:
CONOCER EL PROPIO CUERPO

Yo me lavo

◆ Es mejor jugar a este juego cuando estés bañando a tu bebé. Dale una manopla adecuada para su edad.

◆ Invéntate una melodía para cantarle «¿Te sabes lavar la cara?». Coge la mano del bebé en la tuya y frota la manopla suavemente contra su cara. Ahora canta «Sí sé, sí sé».

◆ Continúa jugando a este juego mientras nombras todas las partes del cuerpo: manos, pies, mejillas, nariz, orejas, etc.

◆ Ahora pídele al bebé que te lave la cara, las manos, la nariz, etc.

◆ Para secarlo, juega al mismo juego, sólo que cambiando la pregunta —«¿Te sabes secar el cuerpo?»— dándole una toalla suave para que se seque.

◆ OBJETIVO DEL JUEGO:
CONOCER EL PROPIO CUERPO

Una sorpresa en la bañera

◆ Mientras tu bebé está en la bañera, muéstrale un juguete que flote en el agua. Deja que juegue con él unos minutos.

◆ Quítale el juguete de las manos y ponlo delante de él o ella para que vea cómo flota.

◆ Cubre el juguete con una manopla y pregúntale: «¿Dónde está el juguete?», «¿Dónde se ha ido?».

◆ Quita la manopla de encima del juguete y exclama: «¡Yupi! Aquí está. Se escondía debajo de la manopla».

◆ Juega a este juego varias veces seguidas y anima a tu bebé para que destape el juguete quitando la manopla.

◆ Si tu bebé no entiende lo que tiene que hacer después de algunas veces, ayúdale a destapar el juguete.

**OBJETIVO DEL JUEGO:
LA CAPACIDAD COGNITIVA**

Aprieta y diviértete

◆ Éste es un juego maravilloso para jugar con tu bebé mientras se baña.

◆ Llena la bañera con juguetes para el baño, con esponjas, e incluye una manopla.

◆ Pídele al bebé que apriete uno de los juguetes. Pregúntale si tú también lo puedes apretar.

◆ Cuando hayas apretado dos o tres juguetes de baño, coge una esponja y exprímela encima de tu mano.

◆ Pregúntale al bebé si puedes exprimirla sobre su mano.

◆ Repite esta actividad con la manopla. Primero exprímela sobre tu mano y después sobre la suya.

◆ Ahora enséñale al bebé cómo exprimir la esponja o la manopla sobre uno de sus juguetes.

◆ OBJETIVO DEL JUEGO:
FORTALECER LOS MÚSCULOS

Una sorpresa a flote

◆ Envuelve un juguete de baño que flote incluso envuelto en una manopla. Muévelo por toda la bañera.

◆ Dáselo a tu bebé y observa si es capaz de desenvolverlo.

◆ Después de que haya desenvuelto el juguete flotante, exprime el agua de la manopla encima de él.

◆ Pídele a tu bebé que exprima la manopla encima de su juguete.

◆ Mientras cae el agua encima del juguete, exclama: «¡Uyyy!».

◆ Pídele a tu bebé que envuelva el juguete en la manopla y que te lo entregue a ti. Esto requiere gran habilidad por su parte, por lo cual hay que animarle y elogiar cualquier logro en esta dirección.

◆ OBJETIVO DEL JUEGO:
LA COORDINACIÓN ÓCULO-MANUAL

Atrapa el juguete

◆ A los bebés les encanta jugar en el agua. Una de las habilidades que pueden practicar tanto dentro como fuera de la bañera es la de verter agua en un recipiente.

◆ Enséñale a coger y verter agua de un cucharón a un recipiente.

◆ Dale a tu bebé un colador para coger agua para que así experimente la diferencia entre un cucharón y un colador.

◆ Coloca unos cuantos juguetes de baño en la bañera. Deja que tu bebé intente atrapar los juguetes en el cucharón y en el colador.

◆ Además de servir para desarrollar su coordinación de las manos y la vista, este juego también sirve para explicar lo que es el volumen cuando tu bebé sea un poco mayor.

OBJETIVO DEL JUEGO:
LA COORDINACIÓN ÓCULO-MANUAL

Juegos para la hora de dormir

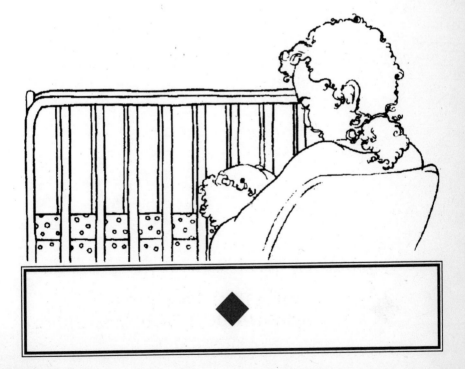

Buenas noches, bebé

◆ Mientras tu bebé está tomando el biberón o mamando, dale un masaje suave en los dedos de las manos y los pies.

◆ Cántale esta nana al son de «Soy el farolero»:

> *Buenas noches, mi bebé,*
> (Puedes utilizar el nombre de tu bebé.)
> *duérmete ya,*
> *que mientras tú duermes,*
> *mamá (papá) te vela.*

◆ Mientras vas repitiendo la nana, sigue acariciando los dedos de sus pies y sus manos.

◆ Esta actividad ayudará a tu bebé a disfrutar de sus comidas mientras se relaja con tus caricias.

◆ El hecho de cantar a tu bebé mientras toma su biberón o mama resulta agradable no sólo para él o ella sino también para ti.

OBJETIVO DEL JUEGO:
LA RELACIÓN DE APEGO

El beso de las buenas noches

◆ Mece a tu bebé en brazos con dulzura.

◆ Intenta que la iluminación de la habitación sea tenue y suave.

◆ Bésale en la frente y dile con cariño:

> *Te quiero, te quiero,*
> *yo adoro a mi* (el nombre de tu bebé).

◆ Besa cada uno de sus dedos y repítele la misma frase.

◆ Continúa besando al bebé por todo el cuerpo, repitiendo esta frase cada vez.

OBJETIVO DEL JUEGO:
LA RELACIÓN DE APEGO

Arrorró, mi niño (niña)

◆ Estrecha a tu bebé en tus brazos mientras le meces y le cantas esta preciosa canción de cuna tradicional.

Mi niño (niña) chiquitito (chiquitita),
¿quién le ha pegao?
Que tiene los ojitos
de haber llorao.

Mi niño (niña) chiquitito (chiquitita)
no tiene cuna.
Su padre es carpintero,
le va hacer una.

Mi niño (niña) es más bonito (bonita)
que los reales de a ocho,
dulce como el caramelo
y tierno como el bizcocho.

Duérmete y calla,
duérmete y calla,
y no le des a tu madre
tanta batalla.

OBJETIVO DEL JUEGO:
UNA RUTINA PARA DORMIR

Dulces sueños

◆ Cuanto más hables con tu bebé, más pronto intentará gorjear y hablar.

◆ Cuando sea su hora de dormir, háblale en un tono suave y bajo y dile palabras y frases cariñosas; esto le ayudará a dormirse más rápidamente y con mayor tranquilidad.

◆ Dile cosas como: «Buenas noches, mi dulce bebé» o «Descansa, descansa tu cabecita».

◆ Estréchale en tus brazos mientras le arrullas y acaricias su cara y cabeza.

◆ No dejes de hablarle con dulzura mientras lo vas metiendo en su cuna. No le sueltes bruscamente; es mejor que le acaricies un rato antes de que se quede solo o sola en su cuna.

OBJETIVO DEL JUEGO:
LAS APTITUDES LINGÜÍSTICAS

Es la hora de dormir

◆ Todos los bebés se sienten seguros y queridos cuando crecen sintiendo que se les cuida con cariño y ternura.

◆ Es importante desarrollar la confianza del bebé en sí mismo y en los demás, y una manera de hacerlo en esta primera época es cantándole nanas mientras le meces en tus brazos; tú también notarás que acurrucado contra ti se siente a salvo.

◆ Esta nana popular extremeña o cualquier otra que sepas te ayudará a que tu bebé se duerma plácidamente.

> *Pajarito que cantas*
> *en la laguna,*
> *no despiertes al niño*
> *que está en la cuna.*
> *Ea, la nana, ea, la nana,*
> *duérmete lucerito*
> *de la mañana.*

◆ Intenta recordar todas las nanas y canciones de cuna que has oído. Cántalas o díselas a tu bebé mientras le meces y arrullas.

OBJETIVO DEL JUEGO:
FOMENTAR LA CONFIANZA

Te arrullo en mis brazos

◆ Mece a tu bebé suavemente en tus brazos al compás de este poema. Di las palabras en voz baja y con cadencia musical.

> *En brazos te meces, en brazos te meces,*
> *y te arrullo hasta que duermes,*
> *te arrullo hasta que duermes.*
> *Duerme, mi tesoro, que yo te velaré.*

◆ El bebé reconoce el movimiento de mecerse hacia delante y hacia atrás de cuando estaba en el vientre. Esta actividad te ayudará a fortalecer los vínculos de apego y confianza que os unen.

OBJETIVO DEL JUEGO:
EL SENTIDO DEL RITMO

Escucha los sonidos

◆ Antes de que tu bebé duerma la siesta, llévale afuera, a un parque o jardín, para sentarte con él o ella y observar cómo se mueven las hojas.

◆ Si alcanzas las ramas más bajas, ata objetos pequeños a estas ramas para oír los sonidos que hacen.

◆ Puedes colgar campanitas, collares y moldes para tartas de aluminio, todas estas cosas producen un sonido muy agradable cuando el viento las toca y pasa por su lado.

◆ Háblale a tu bebé de los sonidos que estáis oyendo. Usa palabras como «suave», «alto», «tintineo» y cualquier otra que se te ocurra y sea apropiada. Observarás que estos sonidos le gustan a tu bebé y le tranquilizan.

OBJETIVO DEL JUEGO:
DISTINGUIR LOS SONIDOS

El biberón del bebé

◆ Si tu bebé ya toma biberón, le puedes ayudar a sentir diferentes texturas mientras va tomando su leche.

◆ Usa una funda de biberón para que la vaya tocando mientras come.

◆ Para variar, usa un calcetín en vez de una funda de biberón comercial.

◆ Puedes cubrir el biberón con calcetines y telas de diferentes texturas para que tu bebé vaya descubriendo toda la variedad de tacto que pueden tener las cosas.

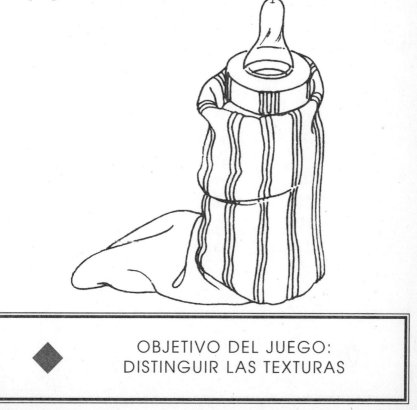

◆ OBJETIVO DEL JUEGO:
DISTINGUIR LAS TEXTURAS

La luna

◆ Con tu bebé en brazos, ve a una ventana, balcón, terraza o jardín desde donde podáis ver la luna.

◆ Di la palabra «luna» mientras la señalas.

◆ Haz hincapié sobre la palabra *luna* cuando le recites este poema a tu bebé.

> *La luna, coqueta,*
> *busca un espejo.*
> *En el fondo de un pozo*
> *mira su reflejo.*
> *La luna, radiante,*
> *busca las estrellas*
> *para hacer un corro*
> *con las más bellas.*
> *La luna, muy tierna,*
> *canta una canción*
> *que le sale muy bien*
> *porque tiene guión.*
> *Buenas noches, te dice,*
> *es la hora de dormir,*
> *como toca descansar,*
> *a la cama vas a ir.*

◆ Cuando digas «es hora de dormir» y «a la cama vas a ir», camina hacia la cuna con tu bebé en brazos. Repite estas palabras cuando le acuestes.

OBJETIVO DEL JUEGO:
LAS APTITUDES LINGÜÍSTICAS

Duérmete, tesoro mío

◆ Mece a tu bebé con ritmo lento y dulce para que se adormezca.

◆ Mírale a los ojos mientras le recitas este poema:

Duérmete, tesoro mío,
duérmete en mis brazos.
Con este dulce balancear
te meces y te duermes.

Duérmete cariño,
sueña plácidamente,
tu madre (padre) te velará
y mañana contigo estará.

OBJETIVO DEL JUEGO:
LA RELACIÓN DE APEGO

Vamos a la cama

◆ Mece a tu bebé en tus brazos suavemente mientras le recitas este tierno poema.

Vamos a la cama,
ya toca descansar,
muy pronto verás
la mañana llegar.

Cierra tus ojitos,
reposa tu cabeza,
relaja los deditos,
es hora de dormir.

◆ OBJETIVO DEL JUEGO:
LA RELACIÓN DE APEGO

El viento sopla

◆ A tu bebé le gustará mucho sentir tu cálido aliento soplando sobre su cuerpo dulcemente mientras le hablas con ternura al prepararle para la cama.

◆ Mientras le cambias el pañal, recita:

> *Pequeña Rosa, el viento te sopla,*
>   (Usa el nombre de tu bebé.)
> *puf, puf, puf,*
>   (Sopla repetidamente sobre su estómago.)
> *te sopla como una brisa suave,*
>   (Sopla ligeramente.)
> *te sopla como un viento fuerte,*
>   (Sopla haciendo el sonido de «uuuu».)
> *te sopla un beso muy tierno.*
>   (Dale un beso sobre el estómago.)

OBJETIVO DEL JUEGO:
CONOCER EL PROPIO CUERPO

Es hora de dormir

◆ Recita este poema mientras abrazas al bebé contra tu pecho.

> *Es hora de dormir, bebé,*
> *el sol ya se acostó,*
> *es hora de dormir, bebé,*
> *la luna ya salió.*
> *Un beso te daré, bebé,*
> *y eso será tó.*

◆ Cuando digas «es hora de dormir», mécete hacia delante y hacia atrás y camina por la habitación muy lentamente.

◆ Dale besos a tu bebé en diferentes partes del cuerpo cada vez que digas «un beso te daré».

◆ Puedes incluir diferentes partes del cuerpo en tu poema.

> *Es hora de dormir, deditos...*
> *es hora de dormir, cabecita...*
> *es hora de dormir, barriguita...*

◆ OBJETIVO DEL JUEGO:
CONOCER EL PROPIO CUERPO

Sube y baja en ascensor

◆ Alza a tu bebé encima de tu cabeza y bájale lentamente hasta que esté cara a cara contigo.

◆ Cuando vuestras caras se toquen, di: «Te quiero».

◆ Alza a tu bebé en el aire mientras le dices: «Es hora de que suba el ascensor. Adiós».

◆ Baja tu bebé hacia ti cuando le digas «Es hora de que baje el ascensor», y dale un beso en la mejilla.

◆ Cuando hayas repetido este juego varias veces, acurruca a tu bebé en brazos, y dile: «Buenas noches, cariño».

OBJETIVO DEL JUEGO:
FOMENTAR LA CONFIANZA

Este niño tiene sueño

◆ Esta canción de cuna es una de las más bonitas que conozco, y existen muchas versiones de ella dada su gran popularidad.

◆ Si no te sabes la melodía, puedes recitar la letra con un tono cantarín.

◆ Mece a tu bebé mientras le cantas. Sustituye «niño» por «niña» si tu bebé es una nena.

Este niño tiene sueño,
muy pronto se va a dormir;
tiene un ojito cerrado
y el otro no lo puede abrir.

Duérmete, mi niño,
duérmete mi sol,
duérmete, pedazo de mi corazón.

Mi niño se va a dormir
con los ojitos cerrados,
como duermen los jilgueros
sobre los tejados.

Mi niño pequeñito
se quiere dormir;
le cantan los gallos
el quiquiriquí.

◆ Dale un beso a tu bebé y dile: «Duérmete, pequeño (pequeña)».

OBJETIVO DEL JUEGO:
EL CARIÑO Y LA CONFIANZA

Estírate hacia arriba

◆ Esta actividad es una buena manera de relajar a tu bebé antes de que se vaya a la cama.

◆ Siéntate en el suelo con tu bebé delante de ti.

◆ Primero recita el poema haciendo los movimientos que éste indica. La segunda vez interprétalo con tu bebé.

Estírate hacia arriba como crece un arbolillo,
  (Estira tus brazos tanto como puedas hacia arriba.)
enróscate como un ovillo, pequeñillo, pequeñillo.
  (Enróscate hasta ocupar el mínimo espacio posible.)
Ahora finge que tienes sueño y quieres dormir;
  (Bosteza y cubre tu boca con una mano.)
relaja tu cuerpo dejando las energías salir.
  (Cae hacia delante como una muñeca de trapo.)
Tus manos y tus pies caen desplomados.
  (Deja caer desplomados las manos y los pies.)
Te quedas dormido (dormida) con los ojos cerrados.
  (Finge estar durmiendo.)

◆ OBJETIVO DEL JUEGO:
APRENDER A RELAJARSE

271

Un masaje para mi bebé

◆ Una de las maneras más gratificadoras de fortalecer los vínculos de amor con tu bebé es darle masajes.

◆ Al igual que los adultos, los bebés almacenan la tensión en sus cuerpos y a menudo se deshacen de ella al llorar. El masaje puede soltar la tensión y aliviar a los bebés de ella para que puedan dormir.

◆ Unta tus manos con un poco de aceite para bebés y dale un masaje lento y suave a tu bebé empezando por su pecho y hombros y continuando por sus brazos, manos, caderas, piernas y pies.

◆ Continúa con el masaje por la espalda, la cara y la cabeza.

◆ Mientras le das el masaje, cántale una nana o dile palabras cariñosas.

OBJETIVO DEL JUEGO:
APRENDER A RELAJARSE

Duérmete, niño mío (niña mía)

◆ Mece a tu bebé suavemente mientras le recitas o le cantas este verso de una canción de cuna tradicional.

> *Duérmete, niño mío (niña mía),*
> *que viene el coco*
> *y se lleva a los niños*
> *que duermen poco.*

◆ Repite este verso varias veces y habla cada vez más lentamente para que tu bebé se vaya durmiendo.

◆ OBJETIVO DEL JUEGO:
LA RELACIÓN DE APEGO

El viento está soplando

◆ Enséñale a tu bebé cómo sopla el viento. Sopla suavemente abultando los labios hacia fuera y observa si tu bebé intenta imitarte.

◆ Mientras lo abrazas, recítale este poema en voz baja:

> *El viento sopla entre los manzanos;*
> *las hojas se estremecen como manos*
> *en una plegaria de susurros lejanos.*
>
> *Soy el viento húmedo,*
> *traigo la lluvia de verano;*
> *soplo para que escuches*
> *tu nombre en mi susurro cercano.*

◆ OBJETIVO DEL JUEGO:
LA RELACIÓN DE APEGO

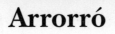
Arrorró

◆ Una forma excelente de desarrollar las aptitudes lingüísticas de tu bebé es cantándole canciones que repiten la misma sílaba.

◆ Los bebés tienden a imitar y practicar un sonido que oyen repetidamente.

◆ Las canciones de cuna y las nanas suelen incluir el sonido «Arrorró» o «ea, ea».

◆ Piensa en algunas nanas que tú cantes habitualmente y en vez de cantar la letra, canta la melodía con el sonido «arrorró», «ea, ea» u «oo, oo».

◆ Quizás conozcas la «Nana de la cebolla», la «Canción de cuna» de Brahms, «El zorongo» o una canción de cuna tradicional de tu región. Intenta recordar y recuperar las canciones que tu madre, tu padre o tus abuelos te cantaron cuando eras un bebé. Aprovecha para cantárselas a tu hijo o hija.

OBJETIVO DEL JUEGO:
LAS APTITUDES LINGÜÍSTICAS

Ya se van los pastores

◆ Aquí está la letra de una de las canciones más bellas de Castilla y de León que a menudo se emplea como canción de cuna.

Ya se van los pastores
a Extremadura, (bis)
ya se queda la tierra
triste y oscura. (bis)

Ya se van los pastores,
ya se van marchando, (bis)
más de cuatro zagalas
quedan llorando. (bis)

Ya se van los pastores
hacia la majada, (bis)
ya se queda la sierra
triste y callada. (bis)

OBJETIVO DEL JUEGO:
LA RELACIÓN DE APEGO

Canción de cuna

◆ La hora de dormir es ideal para cantarle canciones a tu bebé.

◆ Cántale esta canción de cuna al son de «La viudita del conde Laurel».

Duérmete, pequeño,
duérmete, mi amor,
para que mañana
nazca un nuevo sol.

Descansa de lleno,
como cada noche,
que al levantarte
muy fresco estarás.

Cierra esos ojitos,
y sueña tranquilo,
mañana el alba
temprano vendrá.

OBJETIVO DEL JUEGO:
LA RELACIÓN DE APEGO

Sonríeme

◆ Muévete por la habitación con tu bebé en brazos y cántale esta cancioncilla al son de «Arroyo claro».

> *Sonríeme tú,*
> *que yo sonrío,*
> *en muestra de mi amor*
> *un beso te doy yo.*

◆ Cuando cantes «un beso te doy yo», bésale con ternura en la mejilla.

◆ OBJETIVO DEL JUEGO:
LA RELACIÓN DE APEGO

El coco

◆ Estos versos populares han encantado a generaciones de niños debido al misterioso personaje al que los adultos aluden tan a menudo cuando les toca a los pequeños ir a la cama. En el mundo de fantasía infantil, no hay duda de que «el coco» juega un papel importante.

> *Duérmete, niño, duérmete ya,*
> *que si no te duermes,*
> *vendrá el coco y te llevará.*
>
> *Duérmete, niño, duérmete ya,*
> *que si no te duermes,*
> *vendrá el coco y te comerá.*

◆ Enséñale estos versos a tu bebé y hazle cosquillas cuando digas que «vendrá el coco y te comerá».

OBJETIVO DEL JUEGO:
LAS APTITUDES LINGÜÍSTICAS

Niño querido (Niña querida)

◆ Arrulla y mece a tu bebé en brazos tanto como puedas, especialmente cuando se acerca la hora de dormir.

◆ Esta bonita canción de cuna es muy apropiada para acostar a tu bebé. Si no conoces la melodía, invéntate una. Después de todo, lo importante es que puedas transmitir tus sentimientos a tu bebé a través de la música y la letra.

Niño querido (niña querida),
duérmete ya,
que mientras tanto
te canta mamá (papá).

◆ OBJETIVO DEL JUEGO:
LAS APTITUDES LINGÜÍSTICAS

Tengo una muñeca

◆ Ésta es una canción popular infantil que puedes cantarle a tu bebé mientras come o juega, y que le encantará oír cuando le tengas en tu regazo antes de llevarle a la cama.

◆ Puedes cantar o recitar esta canción; el propio ritmo de la letra ya tiene musicalidad, lo cual facilita la memorización de esta letra que incluye unas sencillas sumas. Es una buena forma de introducir el tema de los números sin pretender que tu bebé entienda lo que significan.

◆ Mientras le cantas esta canción, muévele las manos con suavidad para hacer palmitas. Si lo prefieres, puedes enseñarle otros movimientos que vayan bien con el ritmo de la canción.

Tengo una muñeca
vestida de azul
con su camisita
y su canesú.

La saqué a paseo
y se me constipó,
la tengo en la cama
con mucho dolor.

Esta mañanita
me dijo el doctor
que le dé jarabe
con un tenedor.

Yo ya se lo he dado
pero no está bien,
tengo que llevarla
pero no sé a quién.

Dos y dos son cuatro,
cuatro y dos son seis,
seis y dos son ocho
y ocho dieciséis.

Y ocho veinticuatro
y ocho treinta y dos,
ánimas benditas,
quítenle esa tos.

OBJETIVO DEL JUEGO:
LAS APTITUDES LINGÜÍSTICAS

¿Te cuento un cuento?

◆ Invéntate un cuento para contarle a tu bebé cuando le toque dormir; introduce el nombre de tu bebé en el cuento.

◆ El cuento debería describir las actividades de tu bebé durante el día, además de incluir cosas que le resultan familiares.

◆ Éste puede servir de ejemplo:

> *Érase una vez un bebé muy tierno y bueno que se llamaba* (el nombre de tu bebé). *Jugaba con sus juguetes. A veces iba al parque para mirar los pájaros y el césped. Por la noche cenaba y se bebía su vaso de leche.*
>
> *Cada noche, su mamá o su papá le bañaban, y le daban muchos besos. Después le acostaban en su cuna y él (ella) cerraba los ojos y se dormía.*

◆ Usa el nombre de tu bebé en el cuento tantas veces como puedas.

◆ OBJETIVO DEL JUEGO:
LAS APTITUDES LINGÜÍSTICAS

Veo la luna

◆ Acércate a una ventana y mira hacia fuera con tu bebé. Señala la luna y las estrellas y explícale alguna cosa sobre ellas en términos sencillos.

◆ Dile a tu hijo o hija que la luna y las estrellas ayudan a que la gente duerma porque con su presencia nos recuerdan que es de noche, y la oscuridad ayuda a que el sueño nos envuelva.

◆ Enséñale a tu bebé este sencillo poema sobre la luna y las estrellas.

> *Yo veo la luna*
> *y la luna me ve a mí.*
> *Que Dios bendiga la luna,*
> *y que Dios me bendiga a mí.*
>
> *Yo veo las estrellas,*
> *y las estrellas me ven a mí.*
> *Que Dios bendiga a las estrellas,*
> *y que Dios me bendiga a mí.*

◆ Pregúntale a tu bebé si quiere incluir alguna cosa o persona más en el poema. Un ejemplo sería:

> *Yo veo a mamá*
> *y mamá me ve a mí.*
> *Que Dios bendiga a mamá,*
> *y que Dios me bendiga a mí.*

OBJETIVO DEL JUEGO:
UNA RUTINA PARA DORMIR

Buenas noches,
que descanses bien

◆ Este poema con su letra cantarina es muy apto para crear una rutina a la hora de ir a la cama. Tu hijo o hija se acostumbrará al ritmo del poema y esperará escucharlo cada noche.

◆ Enséñale a tu bebé un reloj de pared y di «tic tac».

◆ Señálale las estrellas y dile: «Mira cómo centellean» o «mira cómo brillan».

◆ Recítale el poema:

> *Buenas noches, bebé,*
> *ahora toca descansar.*
> *Con el tic tac del reloj*
> *en un vaivén vas a soñar.*
> *Buenas noches, bebé,*
> *que descanses bien.*
> *En tu cuna vas contando*
> *borreguitos de uno a cien.*
> *Las estrellas centellean*
> *en la noche oscura;*
> *te envían dulces sueños*
> *desde su lejana altura.*

OBJETIVO DEL JUEGO:
UNA RUTINA PARA DORMIR

Índice de canciones

Al mercado, al mercado 135
Arre, caballito 160
Arroyo claro 74, 161, 278
Cinco lobitos 196
Cucú, cantaba la rana 170, 242
¿Dónde están las llaves? 31, 238
¿Dónde está Pulgarcito? 164
El cocherito 178, 243
El coco 273, 279
El farolero 150
El patio de mi casa 116
En la granja de mi tío 172
Esta vaquita 214
Este niño tiene sueño 270
Fray Santiago 163
Juanito cuando baila 234
La gallina ponicana 170
La pastora 128, 229
Las mañanitas 174
La tarara 116
La viudita del conde Laurel 277
Mi niño chiquitito 258
Niño querido 280
Palmas, palmitas 86
Que llueva 245
Quisiera ser tan alta 240
Soy el farolero 256
Tengo una muñeca 247, 281
Vamos a contar mentiras 119, 202
Ya se van los pastores 276
Ya viene la vieja 215